GAME
START

# NINTENDO

# 닌텐도
## 게임&캐릭터
## 스페셜 팬북

**The Ultimate Nintendo Fanbook**
**by Kevin Pettman**

Text and design © Welbeck Children's Limited 2022
First Published in 2022 by Mortimer Children's, An Imprint of Welbeck Children's Limited,
part of Welbeck Publishing Group, 20 Mortimer Street, London W1T 3JW, UK
Based in London and Sydney.
www.welbeckpublishing.com

Korean edition copyright © Seoul Cultural Publishers, Inc. 2023

The publishers would like to thank the following sources for their kind permission to reproduce the pictures
and footage in this book. The numbers listed below give the page on which they appear in the book.
Shutterstock (in order of appearance): 739 photography 8/ robtek 12, 13/ Matthieu Tuffet 13/ David/
Peperkamp 19/ Tinxi 15/ Fit Ztudio 77
Gettyimages (in order of appearance): Sankei Archive 9

Every effort has been made to acknowledge correctly and contact the source and/or copyright holder of
each picture. Any unintentional errors or omissions will be corrected in future editions.

This Korean edition published by arrangement with Welbeck Publishing Group Limited through Shinwon
Agency Co., Seoul.

**원작** | 캐빈 펫먼 **번역** | 김수환

**1판 1쇄 인쇄** | 2023년 5월 11일 **1판 1쇄 발행** | 2023년 5월 31일

**발행인** | 심정섭 **편집인** | 안예남 **편집 팀장** | 최영미 **편집** | 최서원, 허가영
**디자인** | 이혜원 **브랜드 마케팅** | 김지선
**출판 마케팅** | 홍성현, 김호현 **제작** | 정수호
**발행처** | 서울문화사 **등록일** | 1988년 2월 16일 **등록번호** | 제2-484
**주소** | 04376 서울특별시 용산구 새창로 221-19
**전화** | 02)791-0708(판매) 02)799-9186(편집) **팩스** | 02)790-5922(구입)
**출력** | 덕일인쇄사 **인쇄** | 에스엠그린

ISBN 979-11-6923-774-1 13690
※파본은 구입처에서 교환해 주시기 바랍니다.

# NINTENDO
# 닌텐도
# 게임&캐릭터
# 스페셜 팬북

# 차례

# 닌텐도는 사랑입니다!

닌텐도는 일본의 대기업으로, 게임 업계에서 유명한 회사입니다. 세계에서 가장 멋진 캐릭터들과 콘솔 기기, 게임, 패밀리 컴퓨터 등을 개발하고 있어요! 마리오부터 동키콩, 젤다, 피카츄 등 다양한 캐릭터가 있고, 스위치, 게임보이, 닌텐도 엔터테인먼트 시스템과 같은 게임 콘솔들도 갖추고 있습니다.

[닌텐도 게임&캐릭터 스페셜 팬북]은 닌텐도의 위대한 게임들을 설명하는 비공식 가이드입니다. 게임들에 관한 신기한 정보와 재미있는 비밀들로 가득 차 있지요. 가이드를 통해 <슈퍼 마리오브라더스>, <마리오 카트>, <동키콩>, <포켓몬스터>, <젤다의 전설> 등 다양한 게임 시리즈의 놀라운 기록들을 알아볼 수 있습니다. 1800년대에 카드 게임을 만들던 닌텐도가 어떻게 게임 업계를 이끌어 나가는 회사로 성장했는지도 확인할 수 있습니다. 닌텐도의 밝은 미래 또한 엿볼 수 있어요.

다음 장을 펼쳐서 위대한 게임들과 함께
모험을 시작하세요!

# 카드 게임을 만들다

## 간단한 카드 게임을 만들던 닌텐도가 어떻게
## 유명한 콘솔 게임 회사로 성장했는지 과정을 알아보아요!

1889년 일본, 장인 야마우치 후사지로가 닌텐도를 설립했습니다. 당시의 닌텐도는 콘솔 게임이 아닌
놀이용 카드를 만드는 회사였습니다. 야마우치의 독창적인 그림이 담긴 '화투'는 일본에서
큰 인기를 얻었고, 닌텐도는 전 세계에 여러 종류의 카드를 판매하며 규모를 키웠습니다.

## 장난감 이야기

닌텐도는 아름다운 자연의 풍경을 담은 카드, 일본과 서양의 문화를 담은 카드 등 다양한 그림 카드를 만들었습니다. 닌텐도의 놀이용 카드는 전 세계에서 폭발적인 인기를 끌었습니다. 그러던 중 야마우치 후사지로를 이어 회사를 이끌던 야마우치 히로시가 어린이 장난감에 관심을 가지게 되었고, 1959년부터 닌텐도는 디즈니 캐릭터를 담은 카드와 장난감들을 만들기 시작했습니다. 1970년대에는 어린이용 전자 게임과 아케이드 장비로 큰 성공을 거두었습니다.

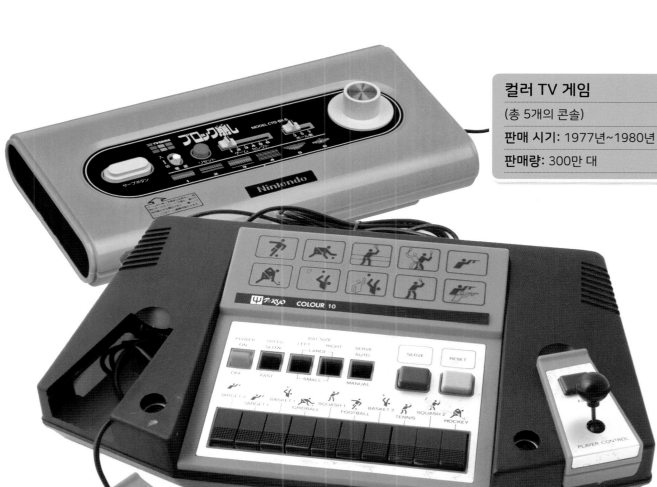

**컬러 TV 게임**

(총 5개의 콘솔)

판매 시기: 1977년~1980년

판매량: 300만 대

## 훌륭한 전자 제품들

70년대 초에 출시된 빔-건(Beam Gun) 장난감도
큰 인기를 얻었습니다. 총으로 화면 속 목표물을 쏘면
레이저가 목표물에 맞았는지 확인하는
레이저 클레이 사격 시스템과 그 외에
다양한 아케이드 게임이 많은 사랑을
받았어요. 이후 집에서 즐길 수 있는
비디오 게임 기술이 개발되면서,
닌텐도에서 처음으로 콘솔이
출시되었습니다. '컬러 TV 게임 6',
'TV 게임 15' 시스템은 일본에서
각각 백만 대 이상의 판매량을
기록했습니다.

### 게임의 미래
· · · · · · · · · · · · · · · · · · · ·
이후 닌텐도는 패밀리 컴퓨터
(패미컴) 콘솔을 개발했습니다.
패미컴에 관한 더 자세한
내용은 12쪽을 확인하세요.

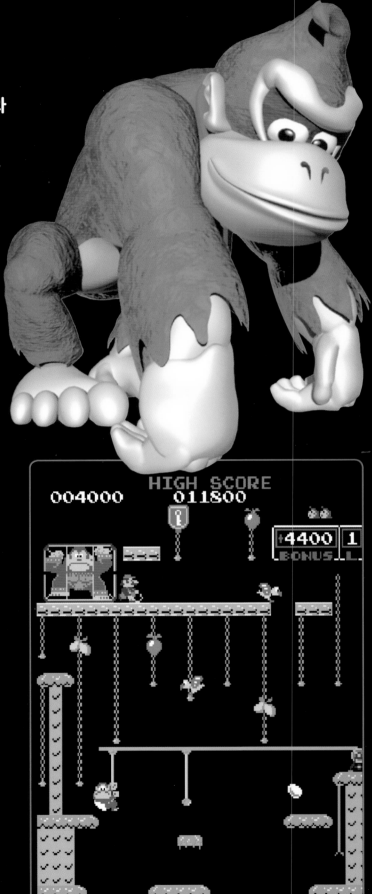

# 동키콩의 등장

## 1980년대에는 게임계를 뒤엎은 고릴라와 영웅 캐릭터가 등장했습니다!

새로운 세대의 게이머들은 게임 속 새로운 영웅을 원했고, 이때 등장한 것이 바로 동키콩과 점프맨이랍니다.
동키콩은 닌텐도의 게임 개발자인 미야모토 시게루가 만든 캐릭터로, 1981년 일본에서 출시된 아케이드 게임 <동키콩>의 주인공으로 등장했습니다.
<동키콩>에서는 폭주한 동키콩이 어떤 아가씨를 납치해 공사 중인 건물 꼭대기로 올라가 버리고, 아가씨를 구하기 위해 영웅, 점프맨이 등장합니다.
점프맨이라는 캐릭터를 들어 본 적 있나요?

동키콩과 가족들은 다양한 게임에서 등장하고 있습니다!

## 마리오의 탄생

사실 점프맨은 마리오의 예전 이름입니다! <동키콩> 속 마리오의 직업은 배관공이 아닌 목수였고, 납치된 아가씨를 구하기 위해 통나무를 부수며 동키콩과 싸웠습니다. 당시 아케이드 게임 팬들은 이 게임을 클리어하기 위해 동전을 넣으며 게임을 즐겼습니다.

## 새로운 이름

아케이드 게임 팬들은 <동키콩> 속 점프맨을 매우 좋아했어요. 닌텐도 역시 앞으로 만들 게임에 인기 있는 점프맨 캐릭터를 활용하고 싶었지만, 점프맨이라는 이름은 너무 식상했습니다. 이 시기에 닌텐도는 뉴욕에 새로운 지사를 마련했는데, 수염을 기른 회사의 건물주가 점프맨을 닮은 사람이었습니다. 그래서 닌텐도는 건물주 마리오 시갈리의 이름을 따서 점프맨의 이름을 마리오로 바꾸었습니다. 닌텐도의 상징인 마리오는 이렇게 탄생했답니다!

> ### 방향 패드의 D는 동키콩의 D?
> ⋯⋯⋯⋯⋯⋯⋯⋯⋯⋯
> 닌텐도는 게임&워치 콘솔 게임 <동키콩>에서 방향 패드(d-pad) 컨트롤러를 처음 활용했습니다. 방향 패드의 D는 방향을 의미하는 Directional의 약자입니다.

> ### 35주년 기념 게임
> ⋯⋯⋯⋯⋯⋯⋯⋯⋯⋯
> 닌텐도는 출시 35주년을 기념하여, 게임&워치 콘솔로 <슈퍼 마리오브라더스>와 <젤다의 전설>을 출시했습니다.

## 게임 스타 동키콩

80년대 초, 동키콩은 닌텐도의 대표적인 게임 스타였습니다. 1980년 일본에서 게임&워치라는 이름의 휴대용 게임기가 출시되었고, 1982년 게임&워치로 출시된 <동키콩>은 백만 대 이상의 판매량을 기록했습니다. <동키콩>은 닌텐도 캐릭터가 게임&워치 콘솔 게임의 주인공으로 처음 등장했던 게임이기도 합니다.

# 엔터테인먼트의 시대

## NES와 게임보이가 등장하면서 홈 게임은 한 단계 발전했습니다.

이후 닌텐도 엔터테인먼트 시스템(NES)이 발명되며 닌텐도는 더욱 발전했습니다.
패밀리 컴퓨터 혹은 패미컴이라고 불리는 NES는 1983년 일본에서 출시된 뒤
미국, 유럽 등 다양한 국가로 진출했습니다. NES는 맞춤형 CPU와 그래픽을 보조하는
PPU, 게임 칩이 담긴 게임 카트리지를 사용했습니다. 덕분에 닌텐도 최초로 게임 칩을
바꾸며 다양한 게임을 플레이할 수 있는 기능이 추가되었습니다. NES를 TV에 연결하여
큰 화면으로 게임을 즐길 수도 있었습니다.

### 가족이 함께
### 즐기는 재미

한국에서는 NES를 컴보이라고
불렀으며, 일본에서는 패밀리
컴퓨터 혹은 패미컴이라고
불렀습니다.

많은 어린이들이
오리지널 NES를 통해
처음으로 콘솔 게임을 접했습니다.

## 게임 라인업

닌텐도의 라이벌 기업인 아타리가 몰락하면서, 닌텐도는 게임 시장을 지배하게 되었습니다. NES로 출시된 <동키콩>과 <동키콩 주니어>가 크게 성공했고, <익사이트바이크>, <메트로이드>, <펀치-아웃>, <젤다의 전설>, <슈퍼 마리오브라더스> 등의 게임들이 NES로 출시되었습니다. 1988년까지 총 60개 이상의 게임이 출시되어 수많은 게임 팬들을 즐겁게 했어요.

### 닌텐도 엔터테인먼트 시스템 (NES)

**판매 시기:** 1983년~1995년 (일본은 2003년까지 판매)

**판매량:** 6,200만 대

당시의 닌텐도 게임들은 초창기 게임 팬들을 즐겁게 했습니다.

## 휴대용 게임기

게임보이 역시 닌텐도가 발전하는 데 큰 도움이 되었습니다. 게임보이는 1989년 일본에서 출시된 닌텐도의 휴대용 게임기로, 중독성 있는 퍼즐 게임 <테트리스>와 함께 출시되어 큰 인기를 끌었습니다. 이후 게임보이 컬러, 게임보이 어드밴스 버전이 출시되면서 최고의 게임 콘솔 중 하나가 되었습니다.

### 게임보이

**판매 시기:** 1989년~2003년

**판매량:** 1억 1,900만 대 (게임보이 어드밴스는 8,150만 대 판매)

# 닌텐도의 콘솔 기기들

**지금까지 NES와 게임보이에 관해 알아보았습니다.
하지만 이외에도 멋지고 다양한 닌텐도 콘솔 기기들이 있다는 걸 알고 있나요?**

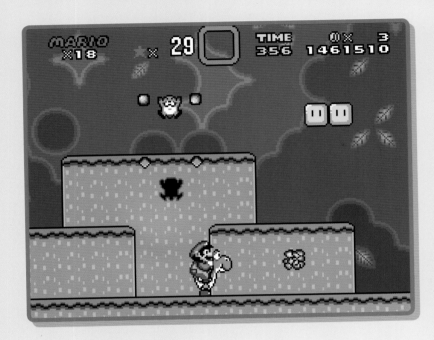

## 슈퍼 닌텐도 엔터테인먼트 시스템

**판매 시기:** 1990년~2003년
**판매량:** 4,900만 대

슈퍼 NES 또는 SNES라고 불리던 슈퍼 닌텐도 엔터테인먼트 시스템은 NES의 후속작입니다. SNES는 높은 그래픽과 사운드 품질, 더 좋아진 컨트롤러로 닌텐도 팬들을 만족시켰어요. <슈퍼 마리오 월드>, <슈퍼 마리오 카트>, <스트리트 파이터 2>와 같은 게임들이 SNES로 출시되었습니다. 스코어 마스터 조이스틱을 활용하면 더 재미있게 SNES를 즐길 수 있었습니다.

## 닌텐도 64

**판매 시기:** 1996년~2003년
**판매량:** 3,300만 대

닌텐도 64(N64)는 기발한 컨트롤러와 64비트 기술로 만들어진 콘솔 기기입니다. 3D처럼 보이는 그래픽과 4명의 플레이어가 함께할 수 있는 시스템은 많은 관심을 받았고, 일본에서 출시 첫날부터 50만 대 이상이 판매되었습니다. 또한 닌텐도의 발명품 '럼블 팩'이 N64 컨트롤러에 부착되면서, 게임 속 상황에 따라 플레이어들이 진동을 느낄 수도 있었습니다.

N64의 유사 3D 그래픽은 게임 속 풍경이 현실처럼 보이도록 만드는 효과가 있었습니다.

### 닌텐도 게임큐브

N64의 대표적인 게임으로는 <Pilotwings 64>, <슈퍼 마리오 64>, <스타폭스 64> 등이 있습니다.

## 닌텐도 게임큐브

판매 시기: 2001년~2009년

판매량: 2,200만 대

2001년 일본에서 출시된 게임큐브는 얇은 N64, SNES와 다르게 상자 모양의 콘솔입니다. 게임큐브의 가장 큰 특징인 '웨이브버드'는 전파를 활용해 움직이는 무선 컨트롤러입니다. 선을 연결하지 않아도 되기 때문에 플레이어들은 게임을 하는 중에도 새(버드)처럼 자유롭게 돌아다닐 수 있게 되었습니다!

새로운 기술이 개발되면서 카트 레이싱 게임이 더욱 발전했습니다.

## 닌텐도 Wii

판매 시기: 2006년~2017년

판매량: 1억 1백만 대

닌텐도 Wii는 새로운 게이머들이 닌텐도에 관심을 가지게 만든 콘솔 기기입니다. 닌텐도 Wii는 무선 모션 센서를 이용한 리모컨과 센서 바, 눈차크를 이용해 가족, 친구들과 함께 게임을 즐길 수 있었습니다. <마리오 카트 Wii>, <Wii Fit>, <슈퍼 스매시브라더스 얼티밋> 등 다양한 게임들이 닌텐도 Wii로 출시되었습니다. 특히 Wii의 스포츠 게임들은 이전까지 비디오 게임을 즐기지 않았던 사람들도 닌텐도 Wii에 열광하게 했어요.

Wii 리모컨은 루이지 디자인 등 다양한 테마로 출시되었습니다!

판매량은 낮지만, Wii U는
콘솔 게임 팬들에게 지금도
좋은 평을 받고 있습니다.

## Wii U

**판매 시기:** 2012년~2017년
**판매량:** 3,300만 대

Wii U는 한국에 발매되지 않은 콘솔 기기입니다.
낮은 판매량을 기록했지만, 우수한 기능을 갖추고
있습니다. Wii U 고해상도 시스템의 가장 큰 매력은
바로 게임패드 컨트롤러입니다. 닌텐도는 6.2인치
터치스크린을 가진 컨트롤러를 '비디오 게임 세계로
들어가는 두 번째 창문'이라고 말했습니다.
또한 온라인 미버스(MiiVerse)를 만들어 사용자들이
함께 채팅하고 경험을 공유할 수 있는 서비스를
제공했습니다.

## Wii 미니

**판매 시기:** 2012년~2017년
**판매량:** 데이터 없음

Wii 미니는 큰 인기를 끈 Wii를 바탕으로 제작된
작고 저렴한 버전입니다. Wii 미니에는 기존의
Wii와 동일하게 Wii 리모컨 플러스와 눈차크가
포함되어 있습니다. 또한 핸들과 밸런스보드
등의 재미있는 액세서리를 활용하여 게임을
더욱 즐겁게 플레이할 수 있습니다.
<Wii 스포츠 리조트>와 <마리오 파티 8>을
비롯한 게임들로 인기를 끌었습니다.

2017년 미버스의 모든 서비스가 종료되었습니다.

# 닌텐도 스위치

**판매 시기:** 2017년~현재
**판매량:** 1억 3백만 대

닌텐도 스위치는 NES와 게임보이를 이어 게임 산업에 한 획을
그은 기기입니다. 스위치는 터치스크린 태블릿을 활용해
휴대용으로 즐길 수 있고, TV에 연결하여 콘솔로도 즐길 수
있습니다. 새로운 듀얼 조이콘으로 2명의 플레이어가
동시에 플레이할 수 있으며, 다양한
액세서리에 연결하여 게임을
즐길 수 있습니다.

## 스위치 업

스위치는 2021년 말까지
1억 대 이상 판매되었으며,
닌텐도의 가정용 콘솔 기기
역사상 가장 높은 판매량을
기록했습니다. 이 기록을 단
5년 만에 세웠습니다!

## 재미도 세 배!

스위치는 개인과 단체 모두에게 즐거움을 주는 최고의 가정용
게임 기기입니다. TV에 연결해 함께 즐길 수 있고, 책상 위에
올려놓고 보드게임처럼 즐길 수 있으며, 조이콘을 스위치 양쪽에
부착하여 휴대용으로 즐길 수도 있습니다. 2019년에는 더 작고
저렴한 스위치 라이트 버전이 출시되었습니다. 스위치 라이트는
조이콘이 분리되지 않아 TV에 연결할 수 없지만, 그 외에는
기존의 스위치와 똑같은 서비스를 즐길 수 있습니다. 스위치에서
<마리오 카트 8 디럭스>를 플레이해 보세요!

# 휴대용 게임의 영웅들

**그동안 닌텐도는 다양한 콘솔 기기를 통해
팬들에게 많은 즐거움을 주었습니다.
어떤 기기가 최고의 휴대용 게임기일까요?**

가장 높은 판매량을 기록한 휴대용 게임기는 바로 닌텐도 DS입니다!
1억 5천만 명 이상의 게이머들이 닌텐도 DS를 구매했습니다.
2개의 스크린을 활용하는 듀얼스크린 터치 기술은 게임 산업에
혁신을 가져왔습니다. 플레이어들은 스타일러스 펜으로
스크린에 그림을 그리고, 버튼을 조작할 수 있습니다.
닌텐도 DS에서는 와이파이 연결을 통해
전 세계의 플레이어들과 함께 게임을
즐길 수 있게 되었습니다.

이동하면서도 게임을 즐길 수 있어요!
가라, 피카츄!

**출동 준비!**

<Actionloop>와
<Metroid Prime Pinball>
같은 닌텐도 DS 게임들은
럼블팩 액세서리를 통해
더욱 재미있게 즐길 수
있습니다.

**닌텐도 DS**

판매 시기: 2004년~2015년

판매량: 1억 5,400만 대

## 엄청난 후속작들

닌텐도 DS는 엄청난 인기를 끌었고, 후속작으로
닌텐도 DS Lite와 DSi, DSi XL이 개발되었습니다.
닌텐도 DSi에는 2개의 카메라가 내장되어 있어,
플레이어들이 재미있는 사진을 찍어 공유할 수
있었습니다. 또한 기존의 닌텐도 DS와 마찬가지로
DS 활동 미터 옵션을 지원하여 걸음 수와 움직임 패턴을
추적할 수 있었습니다. 닌텐도의 혁신적인 기술들은
휴대용 게임기의 새로운 발전 방향을 제시했어요.

## 더 많은 휴대용 게임기

닌텐도는 휴대용 게임기 분야에서 뛰어난 성과를 거두었습니다.
그중에서도 게임보이 어드밴스는 <포켓몬스터 루비·사파이어>,
<포켓몬스터 파이어레드·리프그린>과 같은 뛰어난 게임을
선보였습니다. 일본에서 2011년, 한국에서 2012년에 출시된
닌텐도 3DS는 젤다, 커비, 마리오와 같은 캐릭터들을 3D로
구현하며 7,500만 대 이상의 판매량을 기록했습니다.

## 이상한 제품

닌텐도는 혁신적인 기술과 시스템으로 사랑받는 콘솔들과 게임들을
개발했지만, 가끔 이상한 아이디어를 내기도 했답니다. 3D 게임을
구현하기 위해 안면 고글 모양으로 출시된 버추얼 보이는 출시 후
1년을 채 넘기지 못하고 판매가 중단되었습니다.
1989년 일본에서는 파워글러브를 통해 장갑을 낀 손의 움직임을
인식하여 더욱 즐거운 액션 게임을 선보이려 했지만, 기술적으로
잘 구현되지 않았습니다. R.O.B. (Robotic Operating Buddy),
파워패드 그리고 게임보이 카메라와 프린터처럼 실패한 제품들도
많습니다. 하지만 이제는 모두 단종되어, 닌텐도 기기를 모으는
팬들이 아주 간절하게 원하는 제품들이 되었어요!

닌텐도의 휴대용 게임기는
게임 산업의 기술을 새로운
차원으로 이끌었습니다.

다양한 연령대의 팬들이 닌텐도 DS, 게임,
액세서리 수백만 대를 구매했습니다.

# 닌텐도의 슈퍼스타

이제는 닌텐도의 대표적인 캐릭터들과 만나 볼 시간입니다!

비디오 게임 캐릭터들은 수십 년 동안 멋진 초능력과 기술, 매력으로 우리를 즐겁게 해 주었어요.

닌텐도 명예의 전당을 모험하며 다양한 캐릭터들을 만나 보세요!

# 마리오

데뷔: 동키콩

데뷔 연도: 1981년

좋아하는 것: 파스타

싫어하는 것: 쿠파

마리오는 닌텐도에서 가장 유명한 캐릭터일 뿐만 아니라, 역사상 가장 유명한 비디오 게임 스타입니다! 40년 넘게 뛰어다니며 코인을 모으고 있는 마리오는 여전히 많은 팬의 사랑을 받고 있습니다. 피치공주를 구하는 모험부터 카트를 타고 달리는 모험, 모자의 힘으로 세계를 돌아다니는 모험 등 다양한 방식으로 세계를 탐험하고 있답니다.

## 마리오의 기술

<슈퍼 마리오브라더스>는 슈퍼 마리오 시리즈의 첫 작품으로, 다양한 마리오 요소들을 하나로 합친 최초의 게임입니다. 1980년대 쿠파와의 2D 액션 전투에서 시작해 <슈퍼 마리오 64>에서는 시원한 3D 액션 전투를 선보였습니다. <슈퍼 마리오 Wii 갤럭시 어드벤처>에서는 우주에서 전투하는 경험을, <슈퍼 스매시브라더스 얼티밋>에서는 포켓몬스터의 피카츄와 전투하는 경험을 선사하는 등 다양한 모습을 보여 주었습니다. 마리오가 새로운 도전을 시작할 때마다 우리는 마리오의 용기와 악을 물리치려는 굳은 결심을 함께 느끼지요.

달려들기, 뛰기, 운전하기, 만들기, 싸우기…. 마리오는 무엇이든 할 수 있습니다!

### 역사적인 기록

마리오 비디오 게임 시리즈는 7억 7천만 개의 판매량을 기록하며, 게임 역사상 가장 큰 프랜차이즈가 되었습니다.

마리오 게임 속 스테이지들은 여러 가지 도전들로 가득합니다. 나만의 맵을 만들어 친구들과 함께
즐길 수도 있지요!

## 최고의 직업

마리오는 역사상 가장 인기 있는 배관공이지만, 닌텐도
게임들에서 다양한 직업을 가집니다. <닥터마리오>
시리즈에서는 의사, <마리오 테니스> 시리즈에서는
테니스 선수가 되었고, <Mario Superstar Baseball>과
<마리오와 소닉 올림픽> 시리즈 등의 게임에서는
스포츠 선수 역할을 맡아 금메달리스트가 되었습니다.
또 <Mario Paint>에서는 화가로, <슈퍼 마리오 메이커>
시리즈에서는 건축가로서의 능력을 뽐냈습니다.

## 전설적인 취미

진정한 마리오의 팬이라면, 마리오가 어떤 특징을 가지고
있고 무엇을 좋아하는지 알아야겠죠! 마리오는 맛있는
파스타를 좋아하고, 쿠파를 싫어합니다. 마리오의 동생은
초록색 옷을 입은 루이지이며, 가장 친한 친구들로는
피치공주와 데이지공주, 요시, 키노피오가 있습니다.

모바일 게임 <마리오 카트 투어>에서
화려한 스피드 레이싱을 즐길 수 있습니다!

## 루이지

데뷔: 마리오브라더스

데뷔 연도: 1983년

좋아하는 것: 마리오와 함께하는 모험

싫어하는 것: 유령, 와루이지

루이지는 언제나 자신의 두려움을 마주할 준비가 되어 있습니다!

형 마리오와 매우 닮은 루이지는 형처럼 용감하지는 않지만, 항상 형과 함께 버섯 왕국을 지키기 위해 노력하고 있습니다. 닌텐도에서는 루이지의 데뷔 30주년을 맞이하여 2013년을 '루이지의 해'로 지정했답니다!

그리고 한 해 동안 <루이지 맨션 다크 문>, <뉴 슈퍼 루이지 U>, <마리오&루이지 RPG 4: 드림 어드벤처>, <Dr. Luigi> 등 루이지가 주인공인 다양한 게임을 출시했습니다. 아주 잘했어, 동생!

## 동키콩

데뷔: 동키콩

데뷔 연도: 1981년

좋아하는 것: 바나나

싫어하는 것: 바나나 빼앗기기

동키콩은 바나나를 먹을 때 가장 행복해요!

아케이드 게임에서 처음 등장한 동키콩은 1983년 일본에서 NES로도 출시되었습니다. 힘이 무척 세고 위협적인 모습이지만, 슈퍼 패미컴으로 발매된 <동키콩 컨트리>에서 착한 주인공을 맡으면서 더욱 사랑받게 되었어요. 마리오의 경쟁자였던 처음과 달리, 지금은 친근하고 든든한 조력자 역할로 닌텐도의 다른 캐릭터들과 함께 자주 등장합니다. 동키콩은 정말 멋진 고릴라예요!

## 피치공주

데뷔: 슈퍼 마리오브라더스

데뷔 연도: 1985년

좋아하는 것: 분홍색 물건

싫어하는 것: : 납치

피치공주는 카트 경기에서도 능숙하게 활약합니다!

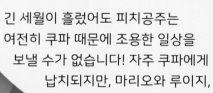

긴 세월이 흘렀어도 피치공주는 여전히 쿠파 때문에 조용한 일상을 보낼 수가 없습니다! 자주 쿠파에게 납치되지만, 마리오와 루이지, 키노피오 같은 동료들의 도움으로 위기를 극복하고 있습니다. <슈퍼 프린세스 피치>에서는 반대로 피치공주가 쿠파에게 납치된 마리오를 구하러 모험을 떠나기도 했습니다.

귀엽고 충성스러운 키노피오에게 박수를 보내 주세요!

## 키노피오

데뷔: 슈퍼 마리오브라더스

데뷔 연도: 1985년

좋아하는 것: 피치공주 지키기

싫어하는 것: 사람들을 실망시키기

키노피오는 버섯 왕국에서 가장 충성스럽고 매력적인 캐릭터 중 하나입니다. 모두 행복할 수 있도록 항상 노력하며, 최선을 다해 악을 물리칩니다. 키노피오는 작고 약하지만, 빠른 속도로 단점을 보완하기 때문에 <마리오 카트> 시리즈에서 사랑받고 있습니다. <Captain Toad: Treasure Tracker>는 키노피오가 주인공인 유일한 게임입니다.

## 요시

**데뷔:** 슈퍼 마리오 월드

**데뷔 연도:** 1990년

**좋아하는 것:** 부스터 점프

**싫어하는 것:** 쿠키가 없는 것

공룡을 닮은 요시는 길고 유연한 혀와 게임에서 유리한 기술들을 가지고 있습니다. 알 속에 잡혀 있던 요시를 마리오가 구해 주었답니다. 요시는 요시의 모험을 담은 게임 <요시 크래프트 월드>와 <요시 New 아일랜드>, 고전 퍼즐 게임 <요시의 쿠키> 등에서 만날 수 있습니다.

요시는 언제나 마리오와 루이지를 도울 준비가 되어 있습니다.

### 요시의 이름
요시의 정식 이름은 'T. 요시사우르스 우적우적엉금엉금'입니다. 하지만 요시라는 이름이 더 친근하고 기억하기 쉽죠?

## 와리오

**데뷔:** 슈퍼 마리오 랜드 2: 6개의 금화

**데뷔 연도:** 1992년

**좋아하는 것:** 탐욕

**싫어하는 것:** 마리오

와리오는 1990년대 초반 게임보이에서 처음 등장한 인물로, 모자에 적혀 있는 'W'가 '와리오(Wario)'가 아닌 '사악함 (Wicked)'을 나타내는 것처럼 느껴질 정도로 무서운 악당입니다. 닌텐도 팬들은 그동안 주먹을 꽉 쥐고 사악한 미소를 띤 와리오를 만나 왔습니다. 와리오는 악당이지만, 본인이 매우 잘생겼다고 생각하고 있답니다.

와리오를 조심하세요!

## 와루이지

데뷔: 마리오 테니스

데뷔 연도: 2000년

좋아하는 것: 테니스

싫어하는 것: 착한 행동

와루이지와 함께 주변을 아수라장으로 만들어 보세요!

닌텐도에서 테니스 게임을 해 본 게이머라면 악당 와루이지와 대결해 본 적이 있을 것입니다. 와리오가 마리오의 라이벌인 것처럼, 와루이지는 루이지의 라이벌로 등장한 캐릭터입니다. <마리오 테니스>로 처음 등장했고, 이후 많은 테니스 게임에 등장하고 있습니다. 와루이지는 절대 믿으면 안 되는 교활한 캐릭터랍니다!

쿠파 군단은 항상 나쁜 계획을 꾸미고 있어요!

## 쿠파

데뷔: 슈퍼 마리오브라더스

데뷔 연도: 1985년

좋아하는 것: 납치하기

싫어하는 것: 버섯 왕국 침략에 실패하는 것

비디오 게임에 등장하는 악당 중에 쿠파만큼 크고 나쁜 악당은 없을 거예요! 쿠파는 쿠파 일가의 왕으로, 매일 버섯 왕국을 위협하는 무서운 악당입니다. 쿠파를 따르는 악당들로는 쿠파의 아들인 쿠파주니어와 쿠파 7인조라고 불리는 래리, 이기, 웬디, 레미, 로이, 모톤, 루드윅이 있습니다. 쿠파 군단은 닌텐도 왕국을 혼란하게 만들기 위해서라면 무슨 일이든 할 수 있습니다.

## 로젤리나

**데뷔:** 슈퍼 마리오 Wii 갤럭시 어드벤처

**데뷔 연도:** 2007년

**좋아하는 것:** 치코

**싫어하는 것:** 우호적이지 않은 은하계

신비로운 마법사인 로젤리나는 치코 캐릭터들의
보호자 역할을 하고 있습니다. 친절하고 사랑스러운
성격으로, 별들로 가득 찬 우주에서 활동하는 것을 가장
좋아한답니다. 로젤리나는 <슈퍼 마리오 3D 월드>,
<마리오 카트> 시리즈, <슈퍼 스매시브라더스> 시리즈
등에서 만날 수 있습니다.

로젤리나처럼 화려한 외모로
유명한 스타가 되어 보세요.

## 굼바

**데뷔:** 슈퍼 마리오브라더스

**데뷔 연도:** 1985년

**좋아하는 것:** 버섯류

**싫어하는 것:** 발로 밟히기

굼바는 닌텐도 세계에서 가장 성가신 적입니다. 혼자
나타나면 괜찮지만 많은 동료와 함께 나타날 때는
굉장히 귀찮기 때문입니다. 지금은 마리오를
위협하는 적이지만, 쿠파 부대에 합류하기 전까지는
갈색 버섯처럼 작고 친절한 캐릭터였습니다.
언젠가 굼바가 다시 착해질지도 모르겠네요!

## 엉금엉금

데뷔: 슈퍼 마리오브라더스

데뷔 연도: 1985년

좋아하는 것: 쿠파 군단에 소속되기

싫어하는 것: 등딱지 속에 숨기

엉금엉금은 방해물을 만드는 등 항상 성가신 행동을 하는 악당으로, 빨강, 노랑, 파랑, 초록 등 다양한 모습으로 등장합니다. 등딱지 속에 숨은 엉금엉금을 들어 무기로 사용할 수도 있습니다. 엉금엉금은 때때로 정말 귀찮을 수 있으니 조심하세요.

### 거북님과 엉금엉금

거북님은 1983년 출시된 아케이드 게임 <마리오브라더스>에서 처음 등장한 캐릭터로, 닌텐도 세계의 첫 거북이 악당입니다. 엉금엉금도 거북님을 토대로 만들어졌어요.

엉금엉금은 예상하지 못한 곳에서 등장해 당신을 깜짝 놀라게 할 수 있습니다!

## 뻐끔플라워

데뷔: 슈퍼 마리오브라더스

데뷔 연도: 1985년

좋아하는 것: 깨물어 먹기

싫어하는 것: 배고픔

뻐끔플라워는 플레이어를 마구 깨무는 무서운 식물입니다. 주로 토관 속에서 불쑥 튀어나와 공격하지만, 땅 위에서 자는 척하며 플레이어가 가까이 다가오기를 기다리기도 합니다. 뻐끔플라워에 너무 가까이 다가가지 마세요!

물리면 매우 아프니 언제나 주의하세요!

## 데이지공주

**데뷔:** 슈퍼 마리오 랜드

**데뷔 연도:** 1989년

**좋아하는 것:** 루이지

**싫어하는 것:** 패배

데이지공주는 <슈퍼 마리오 랜드>에서 마리오에게 구출되면서 처음 등장했습니다. 귀여운 외모와 달리 닌텐도 캐릭터들과 격투할 만큼 강한 힘을 가진 반전 매력의 캐릭터입니다. <슈퍼 스매시브라더스 얼티밋>에서는 피치공주와 외모만 다르고 나머지 특성은 모두 같은 에코 파이터 캐릭터로 등장하여 강력한 능력을 뽐내기도 했습니다.

강력한 데이지공주를 같은 편으로 만드세요!

## 캐서린

**데뷔:** Doki Doki Panic

**데뷔 연도:** 1987년

**좋아하는 것:** 요시

**싫어하는 것:** 게임에 등장하지 못하는 것

캐서린은 <Doki Doki Panic>에서 보스 캐릭터로 등장하며 큰 인기를 얻었어요. <슈퍼 마리오 파티>나 <마리오 테니스 에이스> 등의 게임에서 등장하며, 주로 요시와 대결하는 모습으로 나타납니다. 캐서린을 더 많은 게임에서 만날 수 있으면 좋겠네요!

캐서린도 언젠가 주인공으로 활약할 수 있겠죠?

## 캐피

데뷔: 슈퍼 마리오 오디세이

데뷔 연도: 2017년

좋아하는 것: 던져지기

싫어하는 것: 더럽혀지기

캐피는 <슈퍼 마리오 오디세이>에서 마리오의 동료로
등장하는 멋진 모자입니다. 동생 티아라가 쿠파에게 납치된
뒤, 티아라를 구하기 위해 마리오와 함께 모험을 떠납니다.
캐피는 마리오를 이동시키고, 멀리 날아가 공격하는 등
악당들보다 강력한 힘을 사용합니다.
닌텐도의 새로운 영웅 캐피는 대단한 캐릭터로
성장하고 있어요!

모자를 꼭 쥐고 있으세요. 캐피는 항상 화려하게 등장하니까요!

## 쿠파주니어

데뷔: 슈퍼 마리오 선샤인

데뷔 연도: 2002년

좋아하는 것: 쿠파 비행기

싫어하는 것: 옷에 얼룩이 묻는 것

쿠파주니어는 쿠파의 후계자로, 닌텐도 세계의
다음 세대 악당으로 기대를 받고 있어요! 아직 어리지만
여러 기계와 전투 병기들을 만들어 전투에 활용하고 있답니다.
사악하고 교활한 성격의 쿠파주니어는
<마리오+래비드 킹덤 배틀>에서 버섯 왕국을 위협하는 등
악당으로 크게 활약했습니다.
훗날 아버지 쿠파의 자리를 물려받으면
더 사악한 악당이 될 것 같아요!

쿠파주니어는 똑똑한 적이
될 수 있을까요?

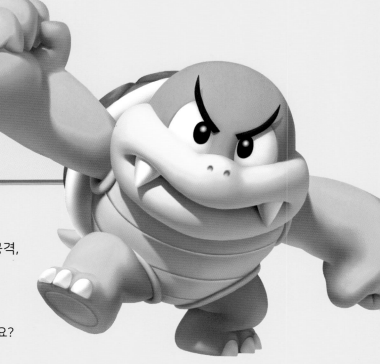

## 부웅부웅

**데뷔:** 슈퍼 마리오브라더스 3

**데뷔 연도:** 1988년

**좋아하는 것:** 쿠파 7인조

**싫어하는 것:** 내려찍기 공격

부웅부웅은 쿠파 군단에서 큰 영향력을 가진 악당으로,
버섯 왕국에 등장할 때마다 항상 전투를 일으킵니다.
날카로운 이빨을 사용하는 공격과 손바닥을 회전시키는 공격,
화염 능력까지 사용하는 등 강력한 힘을 발휘합니다.

부웅부웅에 맞서 싸울 용기가 있나요?

## 징오징오

**데뷔:** 슈퍼 마리오브라더스

**데뷔 연도:** 1985년

**좋아하는 것:** 바다

**싫어하는 것:** 잉크 부족

징오징오는 보스인 왕징오징오의 명령으로 움직이는 악당입니다.
불쾌한 잉크 공격으로 시야를 가리고 촉수로 상대방을 묶어서
괴롭히는 등 물속에서뿐만 아니라 육지에서도 위협적인 존재지요.
다양한 게임에서 각기 다른 크기와 공격성을 가진 징오징오가
등장합니다. <마리오 파티 8>에서 처음으로 플레이 가능한
캐릭터로 등장하기도 했습니다.

징오징오를 상대하기 위해서는
충분한 대비가 필요해요!

해머브러스가
있는 곳에는
항상 망치가
날아다닙니다.

# 해머브러스

데뷔: 슈퍼 마리오브라더스

데뷔 연도: 1985년

좋아하는 것: 망치

싫어하는 것: <마리오 카트>에서 경주하는 캐릭터들

쿠파 군단의 해머브러스는 등딱지와 헬멧으로
무장한 겉모습과 망치를 던지는 능력이 특징입니다.
<마리오 카트> 시리즈에서 여러 차례 등장했지만,
대부분 관중 역할을 맡았습니다. 이제는 해머브러스도
직접 운전대를 잡을 때가 되었어요!

## 화끈한 악당

파이어브러스는
해머브러스의 한 종으로,
빨간색 등딱지와 헬멧을
쓰고 있습니다.

# 킬러

데뷔: 슈퍼 마리오브라더스

데뷔 연도: 1985년

좋아하는 것: 폭발하기

싫어하는 것: 목표물 조준에 실패하는 것

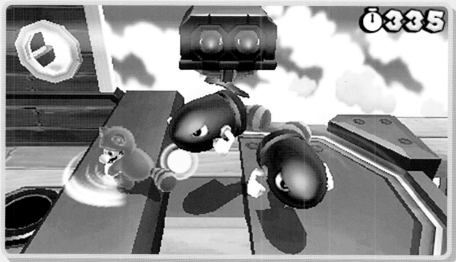

킬러는 대포에서 발사되는 순간
엄청나게 빠른 속도로 날아가 피해를
줍니다. 게임에 따라서 빨간색 킬러,
금색 킬러 등 다양한 색깔의 킬러가
발사됩니다. 모든 킬러의 목표는 오직
목표물에 닿아 폭발하는 것입니다!

성가신 킬러들에게
닿지 않도록 조심하세요.

## 헤이호

**데뷔:** Doki Doki Panic

**데뷔 연도:** 1987년

**좋아하는 것:** 수줍음 타기

**싫어하는 것:** 가면 벗기

헤이호는 <마리오 파티> 시리즈와
<마리오 카트> 시리즈 등 다양한
게임에서 등장합니다. 몸집이 작아서
종종 같은 편으로 오해를 받거나
돌아다니기만 하는 성가신 취급을 받지만,
몸집에 비해 훨씬 큰 존재감이 있답니다.
헤이호의 조용한 움직임을 주의하세요!

가면 뒤에는 어떤 장난스러운
얼굴이 숨어 있을까요?

보기보다 위험하지 않지만,
부끄부끄는 여전히
무서운 존재예요!

## 부끄부끄

**데뷔:** 슈퍼 마리오브라더스 3

**데뷔 연도:** 1988년

**좋아하는 것:** 어둠 속에 숨기

**싫어하는 것:** 진공청소기

항상 혀를 내밀고 울퉁불퉁한 이빨로 위협하는
부끄부끄는 겉모습에 비해 위험하지 않습니다.
으스스한 곳에서 부끄부끄가 튀어나왔을 때,
겁먹지 않고 그들을 똑바로 바라보면 부끄부끄는
얼어붙어서 눈을 가립니다. 타고난 부끄럼쟁이인 탓에
제대로 된 공격도 하지 못하지요!

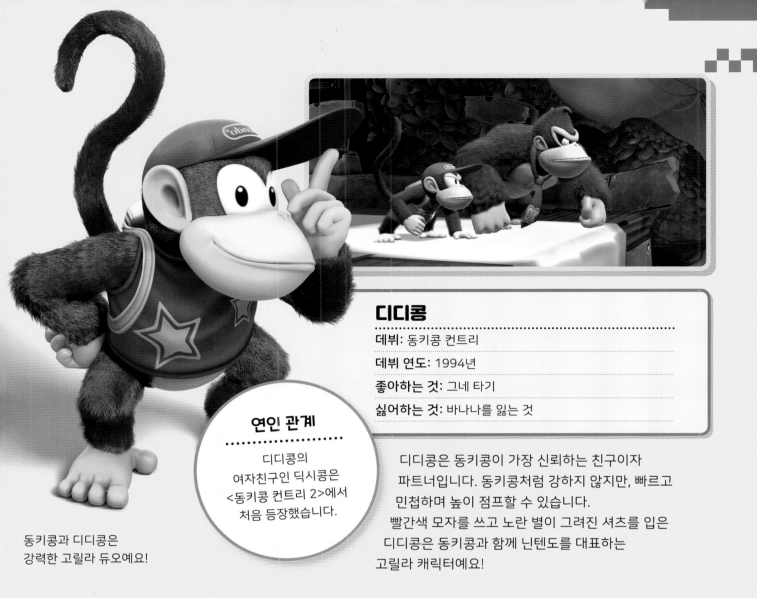

## 디디콩

데뷔: 동키콩 컨트리

데뷔 연도: 1994년

좋아하는 것: 그네 타기

싫어하는 것: 바나나를 잃는 것

### 연인 관계

디디콩의 여자친구인 딕시콩은 <동키콩 컨트리 2>에서 처음 등장했습니다.

동키콩과 디디콩은 강력한 고릴라 듀오예요!

디디콩은 동키콩이 가장 신뢰하는 친구이자 파트너입니다. 동키콩처럼 강하지 않지만, 빠르고 민첩하며 높이 점프할 수 있습니다.

빨간색 모자를 쓰고 노란 별이 그려진 셔츠를 입은 디디콩은 동키콩과 함께 닌텐도를 대표하는 고릴라 캐릭터예요!

## 폭탄병

데뷔: Doki Doki Panic

데뷔 연도: 1987년

좋아하는 것: 폭발

싫어하는 것: 급하게 폭발하는 것

버섯 왕국 곳곳에서 나타나는 폭탄병은 이름 그대로 폭발하는 악당입니다! 폭탄병은 눈과 태엽으로 구성되어 있으며, 가까이 다가가면 터지기 때문에 항상 안전거리를 유지해야 합니다. <마리오 카트 더블 대시!!>에서는 와리오와 와루이지가 폭탄병을 던지며 경주를 방해하기도 했습니다.

폭탄병을 만나면 멀리 떨어지거나 숨으세요!

## 피카츄
**데뷔:** 포켓몬스터 레드·그린
**데뷔 연도:** 1996년
**좋아하는 것:** 전기
**싫어하는 것:** <스매시브라더스>에서 지는 것

<포켓몬스터> 시리즈에 등장하는 포켓몬은 다양한 모습과 크기를 한 야생 동물들입니다. 그중에서 가장 유명한 포켓몬은 피카츄랍니다! 강력한 전기의 힘을 가진 피카츄는 <스매시브라더스> 시리즈 등의 게임에서 크게 활약했습니다.

피카츄는 언제나 활기찬 모습으로 등장해요!

## 푸린
**데뷔:** 포켓몬스터 레드·그린
**데뷔 연도:** 1996년
**좋아하는 것:** 잠이 오는 노래를 부르기
**싫어하는 것:** 작은 몸

푸린은 푸푸린이 진화한 형태로, 화가 나면 스스로를 부풀리는 풍선 포켓몬입니다. 둥글고 큰 눈, 독특한 곱슬머리, 귀여운 분홍색 몸으로 많은 사랑을 받고 있어요. 마시멜로처럼 부드러워 보이지만 공격받았을 때는 누구보다 강한 전투력을 발휘합니다.

귀엽고 깜찍해 보이는 푸린에게 속지 마세요!

## 리자몽

데뷔: 포켓몬스터 레드·그린

데뷔 연도: 1996년

좋아하는 것: 불

싫어하는 것: 약한 상대

리자몽은 많은 포켓몬 트레이너들에게 사랑받는 포켓몬이에요! 꼬리 끝에서 타오르는 불꽃과 하늘을 날아다니며 뿜어내는 불길이 굉장히 뜨거우니 항상 조심하세요. 불타는 열정을 가진 리자몽은 자신과 견줄 만큼 강한 상대와 맞서 용의 기운을 뿜내는 것을 좋아합니다.

리자몽의 능력은 많은 포켓몬 트레이너들이 인정할 만큼 뛰어나요.

## 뮤츠

데뷔: 포켓몬스터 레드·그린

데뷔 연도: 1996년

좋아하는 것: 공격

싫어하는 것: 말하기 또는 웃기

뮤츠는 <포켓몬스터 레드·그린> 속 전설의 포켓몬으로, 최강의 상대에게 맞설 수 있는 능력을 가지고 있습니다. 뮤의 유전자를 통해 만들어진 뮤츠는 무자비하고 흉포한 성격을 가졌기 때문에 쉽게 잡을 수 없습니다. 행운을 빌어요!

뮤츠가 등장하면 절대 가만히 있지 마세요.

## 자시안

데뷔: 포켓몬 소드·실드

데뷔 연도: 2019년

좋아하는 것: 검

싫어하는 것: 전투 중 다치는 것

<포켓몬스터> 시리즈 속 멋진 포켓몬들은 강력한 힘과 무자비함을 뽐내곤 합니다. 자시안은 늑대를 닮은 전설의 포켓몬으로, 등장한 지 얼마 되지 않았지만 많은 사랑을 받고 있어요. 검을 입에 물면 더욱 멋진 크라운 소드 폼으로 변신합니다.

자시안이 전투 태세를 갖추면 안전거리를 유지해야 해요.

## 나몰빼미

데뷔: 포켓몬스터 썬·문

데뷔 연도: 2016년

좋아하는 것: 발차기

싫어하는 것: 가벼워지는 것

나몰빼미는 <포켓몬스터 썬·문>의 스타팅 포켓몬 중 하나로, 낮에는 광합성을 하다가 밤이 되면 강력한 힘을 발휘하는 올빼미 포켓몬입니다. 조용한 비행, 날카로운 깃털, 밝은 밤눈 등의 능력을 가지고 있습니다. 귀여운 외모와 달리 매우 강력한 포켓몬이랍니다!

나몰빼미는 매우 유용하고 특별한 능력을 가지고 있습니다.

잘 자,
잠만보!

## 잠만보

데뷔: 포켓몬스터 레드·그린

데뷔 연도: 1996년

좋아하는 것: 먹고 자기

싫어하는 것: 잠을 방해하는 모든 것

모든 포켓몬이 포켓몬 배틀을 좋아하는 것은 아닙니다. 푹 쉬면서 뒹구는 것을 좋아하는 포켓몬도 있답니다. 잠만보는 배가 고프면 잠에서 깨어 배를 채운 뒤, 다시 자기를 반복합니다. 느긋한 삶이죠? 하지만 잠에서 깬 잠만보는 화가 잔뜩 나 있어서 위험하니, 잠만보를 깨우는 실수는 하지 마세요!

## 이브이

데뷔: 포켓몬스터 레드·그린

데뷔 연도: 1996년

좋아하는 것: 진화

싫어하는 것: 피카츄로 오해받는 것

이브이는 <포켓몬 레츠고 이브이>에서 주인공으로 등장할 정도로 큰 인기를 끌고 있습니다. 불규칙한 유전자를 가지고 있어서 8가지 모습으로 진화할 수 있습니다. 특이한 진화 능력과 여우를 닮은 친근한 모습 덕분에 어떤 상황에서든 믿을 수 있는 포켓몬으로 평가받고 있지요.

이브이는 여러 가지 모습으로 나타날 수 있으므로 항상 경계해야 합니다.

## 링크

데뷔: 젤다의 전설

데뷔 연도: 1986년

좋아하는 것: 싸우는 것

싫어하는 것: 싸우지 않는 것

<젤다의 전설> 시리즈의 주인공인
링크는 하이랄 왕국을 지키고
악당들을 물리치는 용사입니다.
<젤다의 전설 꿈꾸는 섬>,
<젤다의 전설 신들의 트라이포스>,
<젤다의 전설 2 링크의 모험> 등
다양한 게임에서 주인공으로 등장했고,
<젤다무쌍 하이랄의 전설들>에서는
악당 시아와의 전투에서 강력한 기술을
선보이기도 했습니다.

### 마리오 마스터

링크는 <마리오 카트 8>
에서 매우 빠른 오토바이
'마스터 바이크 제로'를
타고 등장했습니다.

링크는 악당 가논과의 전투에서
절대 물러서지 않습니다.

## 젤다

데뷔: 젤다의 전설

데뷔 연도: 1986년

좋아하는 것: 링크

싫어하는 것: 가논

젤다는 많은 <젤다의 전설> 시리즈에서 하이랄 왕국의
공주로 등장합니다. 닌텐도는 젤다를 '지혜의 트라이포스의
선택을 받은 덕분에 나이를 뛰어넘는 현명함을 지닌 인물'
이라고 설명했습니다. 항상 악당 가논에게 위협을 받지만,
뛰어난 활 실력과 마법 능력 그리고 왕국에 대한
충성심으로 악당을 물리칩니다.

강력하고 상징적인 캐릭터인 젤다는
닌텐도의 진정한 영웅이에요.

가논은 무서운 외모와
강력한 힘을 가졌습니다.

## 가논

데뷔: 젤다의 전설

데뷔 연도: 1986년

좋아하는 것: 악

싫어하는 것: 링크

<젤다의 전설> 시리즈에는 가논돌프와
가논이 등장합니다. 이 둘의 차이점은
무엇일까요? 트라이포스의 권능에
의해 가논돌프가 짐승으로 변한 모습이
바로 가논입니다. 대부분의 게임에서 최종
보스로 등장하는 만큼 강력한 능력을 가지고
있으며, 언제나 링크와 젤다를 극한으로
몰아넣습니다.

## 임파

데뷔: 젤다의 전설

데뷔 연도: 1986년

좋아하는 것: 젤다를 수호하기

싫어하는 것: 끔찍한 죽음

<젤다의 전설> 시리즈에 자주 등장하는 임파는
게임별로 외모와 능력이 다릅니다. 젊은 닌자, 할머니 등
다양한 모습으로 등장하지만, 언제나 젤다의 수호자로서
링크를 도와 악당 가논을 물리칩니다. 임파는 하이랄 왕국에
관한 귀중한 지식을 가지고 있어서, 링크가 악당을 물리칠 때
큰 도움이 됩니다.

임파가 링크와 젤다의 동료라서
정말 다행이에요!

# 커비

**데뷔:** 별의 커비

**데뷔 연도:** 1992년

**좋아하는 것:** 빨아들이기

**싫어하는 것:** 적 보스들

팝스타 행성의 푸푸푸랜드에 사는 커비는 작고 둥근 분홍색 몸을 가지고 있습니다. 적이나 물건을 빨아들여서 능력을 복사하는 독특한 능력이 있는데, 이 능력과 웨이들 디들의 도움을 받아 디디디 대왕, 메타 나이트와 같은 악당들에 맞서 싸웁니다. <별의 커비> 시리즈를 플레이하면 끝없는 재미와 액션을 즐길 수 있어요!

커비는 독특한 방식으로 적을 물리쳐요!

## 커비 시리즈

커비는 30개 이상의 게임에서 주인공으로 등장했습니다. 그중 닌텐도 스위치에 처음 등장한 게임은 <별의 커비 스타 얼라이즈> 입니다.

# 디디디 대왕

**데뷔:** 별의 커비

**데뷔 연도:** 1992년

**좋아하는 것:** 거대한 망치

**싫어하는 것:** 커비. 근데 정말 싫어하나?

디디디 대왕은 거대한 망치를 든 커비의 라이벌입니다. 자신이 푸푸푸랜드의 지배자라고 생각하지만, 푸푸푸랜드의 국민들은 디디디 대왕을 크게 신경 쓰지 않아요. 커비와 디디디 대왕은 라이벌 관계이지만, 푸푸푸랜드를 위해서라면 힘을 합쳐 싸우기도 합니다.

디디디 대왕은 푸푸푸랜드의 왕일까요, 아니면 그저 성가신 존재일까요?

## 사무스 아란

**데뷔:** 메트로이드

**데뷔 연도:** 1986년

**좋아하는 것:** 우주를 떠돌며 범죄자를 추적하고 체포하는 것

**싫어하는 것:** 메트로이드

사무스 아란은 은하계를 넘나들며 우주 해적과 메트로이드들을
물리치기 위해 노력하는 우주 사냥꾼입니다.
마리오, 링크와 함께 닌텐도를 대표하는 캐릭터로 불리며,
많은 팬들이 사무스 아란을 좋아한답니다. 공상 과학의
슈퍼스타, 사무스 아란을 기억해 두세요!

사무스 아란이 목표물을 노릴 때
진정한 사냥이 시작돼요!

## 소닉

**데뷔:** 소닉 어드벤처 2 배틀

**데뷔 연도:** 2001년

**좋아하는 것:** 빠른 속도

**싫어하는 것:** 로보트닉 박사

닌텐도의 라이벌이었던
세가가 콘솔 제작을
중단하면서, 소닉이
닌텐도 게임에
등장했습니다. 소닉은
<소닉 어드벤처 2 배틀>로
닌텐도에 데뷔하였으며, 현재는
<마리오와 소닉 올림픽> 시리즈,
<슈퍼 스매시브라더스> 시리즈,
<소닉 컬러즈 얼티밋>과 같은 게임에서
만날 수 있습니다. 마리오와 함께 팀을 이루어
활약하는 등 다양하게 활동하고 있어요!

세가의 대표 캐릭터인
소닉은 닌텐도에서도
슈퍼스타를 맡고 있어요!

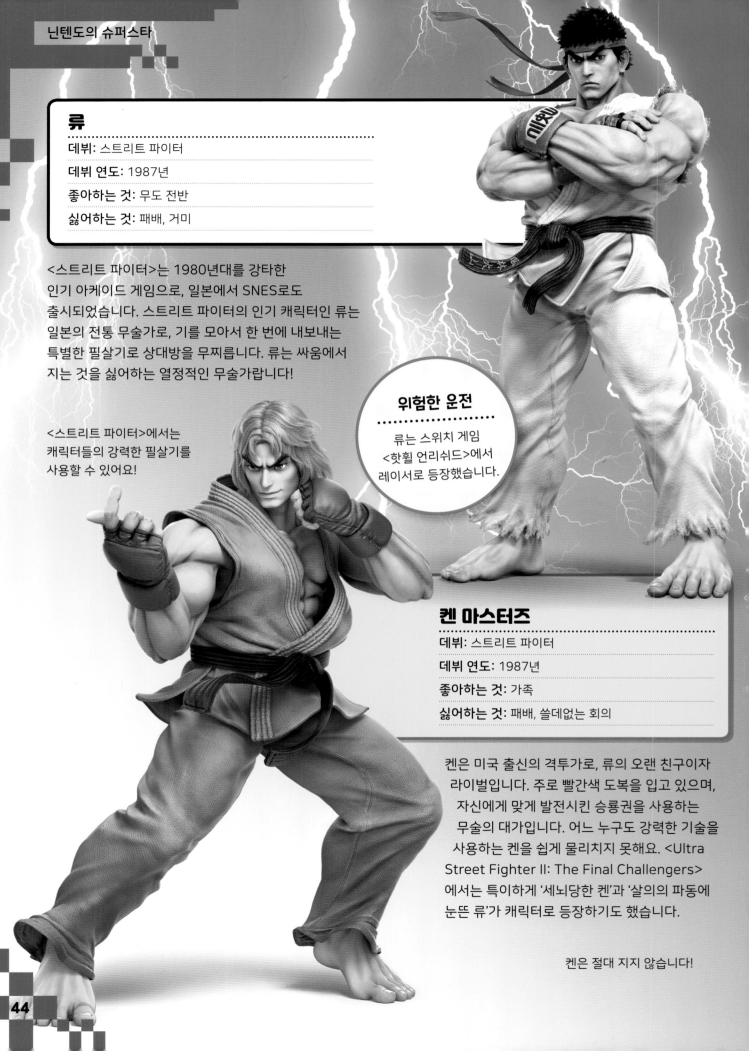

## 류

데뷔: 스트리트 파이터

데뷔 연도: 1987년

좋아하는 것: 무도 전반

싫어하는 것: 패배, 거미

<스트리트 파이터>는 1980년대를 강타한 인기 아케이드 게임으로, 일본에서 SNES로도 출시되었습니다. 스트리트 파이터의 인기 캐릭터인 류는 일본의 전통 무술가로, 기를 모아서 한 번에 내보내는 특별한 필살기로 상대방을 무찌릅니다. 류는 싸움에서 지는 것을 싫어하는 열정적인 무술가랍니다!

<스트리트 파이터>에서는 캐릭터들의 강력한 필살기를 사용할 수 있어요!

### 위험한 운전

류는 스위치 게임 <핫휠 언리쉬드>에서 레이서로 등장했습니다.

## 켄 마스터즈

데뷔: 스트리트 파이터

데뷔 연도: 1987년

좋아하는 것: 가족

싫어하는 것: 패배, 쓸데없는 회의

켄은 미국 출신의 격투가로, 류의 오랜 친구이자 라이벌입니다. 주로 빨간색 도복을 입고 있으며, 자신에게 맞게 발전시킨 승룡권을 사용하는 무술의 대가입니다. 어느 누구도 강력한 기술을 사용하는 켄을 쉽게 물리치지 못해요. <Ultra Street Fighter II: The Final Challengers>에서는 특이하게 '세뇌당한 켄'과 '살의의 파동에 눈뜬 류'가 캐릭터로 등장하기도 했습니다.

켄은 절대 지지 않습니다!

## 여울

데뷔: 튀어나와요 동물의 숲
데뷔 연도: 2012년
좋아하는 것: 친절함
싫어하는 것: 갈등

<동물의 숲> 시리즈는 귀여운 동물 친구들과 함께 평화로운 일상을 즐기는 시뮬레이션 게임입니다. 사랑스러운 강아지인 여울은 <동물의 숲>의 마스코트 캐릭터 중 하나로, 플레이어들을 도와주는 조력자 입니다. 힘든 일이 있을 때 여울을 찾아가면 언제나 친절하게 도움이 되는 조언을 해 준답니다.

여울은 플레이어들을 도와주는 영웅이에요.

## 래비드

데뷔: 래이맨 엽기토끼
데뷔 연도: 2006년
좋아하는 것: 바보같이 소리 지르기
싫어하는 것: 부와리오&부와루이지

래비드들은 화면 안을 가득 메우며 껑충껑충 뛰어다녀요.

닌텐도 게임은 엉뚱한 캐릭터들도 가득 있어요. 래비드들도 엉뚱한 캐릭터에 속하지요. 래비드들은 이상하고 괴짜 같이 생겼지만, 멍청하고 강력한 모습으로 사람들의 마음을 사로잡았어요. <마리오+래비드 킹덤 배틀>, <마리오+래비드 반짝이는 희망>에서는 마리오와 버섯 왕국을 모험했습니다. <마리오+래비드> 시리즈에는 마리오와 래비드가 합쳐진 '래비드 마리오'라는 캐릭터도 등장합니다.

## 폭스 맥클라우드

**데뷔:** 스타폭스

**데뷔 연도:** 1993년

**좋아하는 것:** 전투 지휘

**싫어하는 것:** 안드로스

폭스 맥클라우드는 뛰어난 비행 능력과 용감함으로
악당 안드로스를 추적하고 제거하는 전투기 조종사입니다.
<스타폭스> 시리즈에서 동료인 페피 헤어, 슬리피 토드,
팔코 람바디와 함께 전투기를 타고 우주를 순찰하며
은하계의 평화를 지킵니다.

폭스 맥클라우드는 멋진 비행 능력과
전투 기술을 가지고 있어요!

### 게임 이름

게임 개발사인 남코는
게임 주인공의 이름을
<퍽맨>에서 <팩맨>으로
바꾸었습니다.

<팩맨> 시리즈에 등장하는
고스트들을 조심하세요!

## 팩맨

**데뷔:** 팩랜드

**데뷔 연도:** 1985년

**좋아하는 것:** 배가 터질 만큼 먹기

**싫어하는 것:** 유령

팩맨은 미국에서 가장 유명한 캐릭터로,
노란색 몸과 커다란 입을 가지고 있어요.
언제나 고스트들을 피해 미로에 떨어진
쿠키를 먹으러 다닙니다.
2022년 출시된 <팩맨 뮤지엄 플러스>에서
지난 40년간 출시된 <팩맨 시리즈> 중
유명한 14개의 게임을 한 번에
즐길 수 있습니다. 팩맨과 함께
쿠키를 먹으러 가 볼까요?

## 잉클링

데뷔: 스플래툰

데뷔 연도: 2015년

좋아하는 것: 영역 전쟁

싫어하는 것: 옥타리안

잉클링은 <스플래툰> 시리즈에 등장하는 종족으로, 오징어로 변신할 수 있는 능력을 가지고 있습니다. 붓, 롤러, 총 등 다양한 무기로 잉크를 발사하여 영역을 차지하고, 오징어로 변신해 빠르게 이동합니다. 영리하고 교활한 잉클링은 스프레이를 뿌리고 노는 것을 두려워하지 하지 않습니다.

<스플래툰> 시리즈는 강렬한 열정과 선명한 색깔들로 가득한 게임이에요!

## 옥타리안

데뷔: 스플래툰

데뷔 연도: 2015년

좋아하는 것: 방어, 폭탄

싫어하는 것: 잉클링

<스플래툰> 시리즈의 또 다른 종족인 옥타리안은 문어 종족입니다. DJ 문추냉이의 지휘 하에 강력한 군단을 이룬 종족으로, 잉클링의 전력원인 전지메기를 훔치는 것을 좋아합니다. 하늘을 날 수 있는 문어콥터, 잉클링처럼 인간으로 변신할 수 있는 옥토링 등 다양한 형태가 있지만, 모두 악랄한 행동을 좋아한다는 공통점이 있습니다.

옥토리안의 지저분한 공격에 대비하세요!

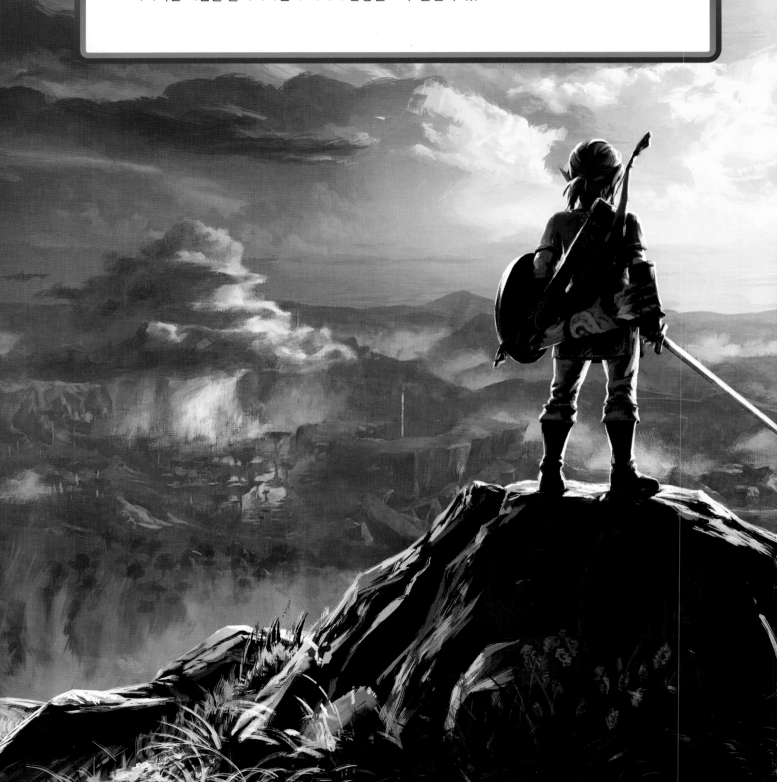

# 최고의 게임들

이제 닌텐도의 위대한 게임들을 만나 볼 시간이에요!

<슈퍼 마리오브라더스>, <젤다의 전설>, <포켓몬스터>, <스플래툰>, <테트리스> 등
세계적인 게임을 플레이하면서 재미와 감동을 모두 즐길 수 있어요.

# 슈퍼 마리오브라더스

최고의 게임들
평점: 4.5

닌텐도 게임 시리즈 중 가장 유명한 게임으로, 마리오가 동생 루이지와 함께 쿠파를 무찌르고 피치공주를 구하는 이야기입니다. 신비한 버섯과 식물, 코인, 파이프 등 슈퍼 마리오브라더스의 콘텐츠들을 모두 만나 볼 수 있습니다.

NES로 출시된 <슈퍼 마리오브라더스>에서 마리오는 피치공주를 구하기 위해 쿠파와 쿠파 군단을 피해 달리고 코인을 모읍니다. 마리오는 버섯을 먹으면 슈퍼 마리오로 변신하고, 파이어플라워를 먹으면 불을 내뿜는 능력을 가지게 됩니다. <슈퍼 마리오브라더스 3>에서는 너구리로 변신한 마리오와 쿠파 군단의 7인조가 처음으로 등장했습니다.

## 시리즈 후속작

일본에서 2006년, 한국에서 2009년에 출시된 닌텐도 DS 게임 <뉴 슈퍼 마리오브라더스>는 기존의 레트로 스타일과 새로운 그래픽을 적절하게 조합한 게임입니다. Wii U로 출시된 <뉴 슈퍼 마리오브라더스 U>에는 과제 모드, 코인 배틀 등 새로운 모드와 기능이 추가되었습니다.
스위치로는 <뉴 슈퍼 마리오브라더스 U 디럭스> 등의 게임이 있으며, <뉴 슈퍼 루이지 U>에서는 처음으로 루이지가 모험의 주인공이 되기도 했습니다.

마리오는 언제나 훌륭하고 뛰어난 동료들을 만나 함께 모험해요.

# SUPER MARIO BROS.

## 꿀팁!

<뉴 슈퍼 마리오브라더스 U 디럭스>에서 플레이어 캐릭터로 등장한 톳텐과 키노피코는 게임을 처음 시작하는 플레이어나 어린 플레이어에게 잘 맞는 캐릭터입니다. 톳텐은 적과 부딪혀도 피해를 입지 않고, 키노피코는 슈퍼크라운을 먹으면 키노피치로 변신해서 2단 점프와 느리게 떨어질 수 있습니다.

## 이스터에그

<뉴 슈퍼 마리오브라더스 U 디럭스>의 일부 맵에는 빨간색 방향 표지판 근처에 숨겨진 출구가 있습니다. 이 출구를 발견한다면 숨겨진 길을 통해 스테이지를 쉽게 클리어할 수 있고, 비밀 스테이지를 열 수 있습니다!

## 꿀팁!

2명 이상의 플레이어가 정확히 동시에 점프해서 엉덩이 찍기를 발동하면, 바닥을 세게 칠 수 있습니다. 이 기술을 쓰면 게임 화면에 보이는 모든 적을 쓸어 버릴 수 있습니다!

# 슈퍼 마리오 3D 월드

<슈퍼 마리오 3D 월드>는 피치공주가 플레이 가능한 캐릭터로 등장한 최초의 게임입니다. 쿠파에게 납치당한 7명의 요정 공주를 구하러 가는 모험으로, 드디어 쿠파가 피치공주를 납치하지 않는 이야기이기도 합니다.

## 고양이 변신!

슈퍼벨을 획득하면 고양이마리오로 변신해서 벽을 타고 올라가거나 적을 할퀼 수 있습니다. 고양이마리오는 요정들을 구하기 위한 전투에서 큰 도움이 되지요!

### 꿀팁!

다양한 아이템을 이용해 보세요! 더블체리를 사용하면 분신이 나타나서 함께 적을 무찌르고, 발사대박스를 사용하면 대포를 쏠 수 있습니다.

### 사소한 이야기

**?**

2021년 닌텐도 스위치로 출시된 <슈퍼 마리오 3D 월드+퓨리 월드>에서는 새로운 월드, 퓨리 월드와 새로운 적들을 만날 수 있습니다!

# 마리오 파티

<마리오 파티>는 N64 버전으로 시작하여 15개 이상의 시리즈가
출시될 만큼 큰 인기를 얻은 게임입니다. 플레이어는 보드게임 맵 위에서
주사위를 굴리고, 다양한 미니 게임을 즐기며 경쟁합니다.
2018년 스위치로 출시된 <슈퍼 마리오파티>는
다양한 주사위, 서바이벌 모드, 온라인 미니 게임
등을 추가로 제공하고 있습니다. 함께 파티를
즐겨 보세요!

## 파티에 참여하세요!

2021년 출시된 <마리오파티 슈퍼스타즈>에서
1990년대 큰 인기를 얻었던 맵인 피치의 생일,
빙글빙글 숲 등을 다시 만날 수 있습니다. 새롭게 추가된
서바이벌 코스와 미니 게임 명작 모음도 있습니다.
마리오 유니버스에서는 파티가 계속될 거예요!

마리오 유니버스에서는
언제나 화려하고 재미있는
파티가 열린답니다!

### 꿀팁!

<마리오 파티>에서
AI 플레이어는 주사위를
굴릴 때 운이 더 좋도록
설정되어 있습니다.
AI 플레이어와 대결할 때는
난이도를 쉬움으로 설정하여
레벨을 맞춰 보세요!

King Boo

Well, we

### 사소한 이야기

**?**

<마리오 파티: 스타 러시>가 출시되면서,
부끄부끄의 피규어가 공개되었습니다.
부끄부끄는 주변이 어두울수록 밝게 빛나서
더욱 공포스러운 분위기를 연출할 수 있답니다.

# 슈퍼 마리오 오디세이

<슈퍼 마리오 오디세이> 역시 악당 쿠파가 피치공주를 납치하는 것으로
시작됩니다. 하지만 이번에는 모자 캐피의 동생인 티아라도 함께 납치되었습니다.
마리오와 캐피는 피치공주와 티아라를 구하기 위해 함께 모험을 떠납니다!
캐피는 마리오의 빨간 모자를 대신하는 새로운 캐릭터로, 다양한 능력을 가지고 있습니다.

## 캐피 파워

마리오와 캐피는 함께
다양한 기술을 사용할 수
있습니다. 캐피를 던져서
멀리 있는 코인을 모으거나
캐피를 밟고 더 높이
뛰어오르는 등 새로운
방식으로 모험을 즐길 수
있습니다.
또 캡처를 통해 적에게
빙의하여 적들을 조종할 수도
있습니다!

### 꿀팁!

파워문이 높은 위치에 있다면
스쿠터를 이용해 보세요!
스쿠터는 점프 능력이 뛰어나서
파워문을 모을 때 도움이
된답니다. 뉴동크 시티에서
줄넘기를 100번 할 때도
매우 유용합니다.

### 이스터에그

파워문 999개를 모두 모으면
피치의 성에서 금빛 돛을
얻고 불꽃놀이를 감상할 수
있습니다.

게임의 비밀은 반드시
비밀로 유지해 주세요!

# 루이지 맨션

<루이지 맨션>은 루이지가 거대하고 으스스한 맨션에서
유령들을 사냥하며 마리오를 찾는 게임입니다. 루이지가 단독으로
주인공을 맡았다는 점에서 출시 전부터 많은 관심을 받았고,
뛰어난 그래픽과 유령 청소기인 유령싹싹과의 상호 작용,
흥미진진한 챌린지들이 합쳐져 큰 사랑을 받았답니다.

## 가라, 구이지!

루이지가 고집불통 구이지를 만났군요! 구이지는
<루이지 맨션 3>에서 등장한 루이지의 초록색 슬라임
버전입니다. 슬라임이기 때문에 작은 구멍도 쉽게
지나갈 수 있고, 가시 위를 걷거나 어려운 장애물을
손쉽게 통과하는 등 아주 유용한 능력을 가지고 있습니다.
하지만 물에 약하기 때문에 항상 조심해야 합니다.

## 꿀팁!

<루이지 맨션 3>에 등장하는
신형 진공청소기
유령싹싹 G-00을 사용하면
슬램으로 유령을
날려 버리거나 빨판 샷으로
유령의 방어구를 빼앗고,
버스트로 한 번에
처리할 수 있습니다.
더 무서운 모험을 원한다면
최대 8명의 플레이어와 함께
공포의 타워에 도전해 보세요.

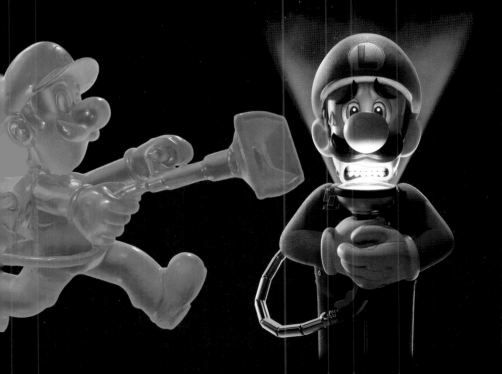

# 마리오 카트

<마리오 카트>는 캐릭터들이 카트를 타고 달리는 카트 레이싱 어드벤처 게임입니다. 1992년 일본에서 SNES로 <슈퍼 마리오 카트>가 출시된 뒤, 전 세계에서 1억 6천만 장 이상 판매되며 어마어마한 인기를 끌었어요. 마리오와 친구들이 함께 달리며 스피드를 즐기는 <마리오 카트> 시리즈는 운전을 좋아하는 팬들에게 큰 사랑을 받고 있답니다!

<마리오 카트>는 끊임없는 액션으로 가득 차 있어서 경치를 감상하면서 여유로운 운전을 즐기고 싶은 플레이어에게는 잘 맞지 않을 수 있습니다. 2017년 발매된 <마리오 카트 8 디럭스>에 새로운 캐릭터 5명이 추가되었고, 총 42명의 드라이버 중 자유롭게 선택할 수 있습니다. 최대 8명까지 로컬 멀티플레이가 가능하며, 온라인에서는 최대 12명이 참여할 수 있습니다.

마리오 유니버스에서는 항상 스릴 넘치는 레이싱이 이어져요.

## 흥미로운 아이템

경주에서 승리하기 위해서는 조종 실력도 중요하지만, 좋은 아이템을 먹는 것도 중요합니다. 아이템으로는 바나나, 등껍질 등 바닥에 던질 수 있는 아이템과 역전을 도와주는 킬러 등이 있습니다.
<마리오 카트 8 디럭스>에서는 상대의 공격 아이템을 무시할 수 있는 부끄부끄가 다시 등장했고, 플레이어가 아이템을 2개까지 가지고 있을 수 있게 되었습니다.

### 이스터에그

부스트를 이용해서 비밀 경주로를 찾는 것도 중요합니다! 키노피오 하버에는 시작 지점 직후에 배 위로 이동하는 비밀 경주로가 있습니다. 부스트를 밟으면서 이동하면 다른 플레이어보다 빨리 도착할 수 있습니다!

꿀팁!
<마리오 카트 8 디럭스>에서
어시스트 기능이
추가되었습니다.
이 기능은 벽에 부딪히지 않고,
경주로 밖으로 벗어나지
않도록 도와줍니다.
하지만 언제든지
어시스트 기능을 끄고,
더 긴장감 넘치는 경주를
즐길 수 있습니다.

꿀팁!
자동 액셀 기능을 활용하면
카트가 언제나
최고 속도로 달립니다.
하지만 빠르게 달리면
상대방이나 장애물을
안전하게 피할 수 없으니
항상 조심하세요!

# 메이드 인 와리오

악당 와리오는 닌텐도의 대표 캐릭터 중 하나로,
<와리오 랜드> 시리즈와 <Game&Wario> 등의
게임으로 사랑받았습니다.
2003년 일본에서 미니 게임 패키지로 출시되어
큰 인기를 얻은 <메이드 인 와리오>는
<메이드 인 와리오 골드>,
<즐거움을 나눠라 메이드 인 와리오>로 시리즈가
이어졌습니다. 재미있는 게임이니 꼭 즐겨 보세요!

## 미니 게임에 빠지다

<즐거움을 나눠라 메이드 인 와리오>는 200개 이상의
재미있는 미니 게임을 제공합니다. 미니 게임 중에는
조각상의 겨드랑이 털 뽑기,
쓰레기봉투에서 탈출하기,
미친 로봇을 조립하기 등
이상하고 매력적인 게임들이
있습니다. 와리오와 모나,
나인볼트 등의 캐릭터를
조작하여 미니 게임을
즐길 수 있습니다.

### 꿀팁!
각 플레이어 캐릭터마다
특별한 능력이 있습니다.
와리오는 화려한 제트팩으로
빠르게 비행하는
능력이 있습니다!

### 사소한 이야기
와리오의 이름은 어떻게 지어졌을까요?
일본어에서 '나쁘다'를 뜻하는 단어 '와루이(わるい)'와
'마리오'를 합쳐서 만들었습니다.
마리오의 'm'을 거꾸로 하면 'w'라는 점이 멋있죠!

# 동키콩

콘솔 게임으로 큰 인기를 끈 <동키콩 컨트리> 시리즈는
<동키콩 리턴즈 3D>, <동키콩 컨트리 트로피컬 프리즈>로
이어지며 다양한 게임이 출시되었습니다.
<동키콩 컨트리 트로피컬 프리즈>에서는
더 스노매즈라는 바이킹들이 동키콩 아일랜드에
엄청난 추위를 가져와 모든 것을 얼려 버렸고,
이에 동키콩, 디디콩 등의 캐릭터들이
힘을 합쳐 얼어붙은 섬을 녹이기 위해
싸우는 이야기입니다.

## 특별한 능력

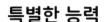

더 스노매즈의 난동을 막기
위해서는 각 캐릭터들의
능력을 먼저 알아야 합니다.
동키콩은 통나무 제트로
날아다닐 수 있고, 크랭키콩은
지팡이를 이용해 장애물과
가시를 뛰어넘을 수 있습니다.
또 딕시콩은 바나나처럼 긴
머리카락을 회전하여 멀리
날아갈 수 있습니다. 동키콩이
광산 카트를 타고 날아오르는
모습도 아주 멋있죠!

바나나에 대한 동키콩의
열정은 정말 대단하지요.
동키콩의 열정을
닮아 볼까요?

## 사소한 이야기

동키콩의 친구인 펑키콩은 <동키콩 컨트리
트로피컬 프리즈>에서 처음으로
플레이 가능한 캐릭터로
등장했습니다.

## 이스터에그

스테이지에 숨겨진 'K', 'O',
'N', 'G' 글자를 찾아보세요!
이 글자와 퍼즐 조각들을
모두 모으면 추가 콘텐츠를
즐길 수 있습니다.

# 요시 아일랜드

<요시 아일랜드> 시리즈는 다른 시리즈보다 게임 수가 적지만,
많은 사랑을 받았습니다. <요시 New 아일랜드>에서 요시는
쿠파 군단의 마법사 마귀에 맞서 싸웁니다.
마귀가 베이비 루이지를 납치하자 요시와 베이비 마리오는
마귀를 물리치기 위해 모험을 떠납니다!

## 알로 변해라!

요시는 긴 혀로 적을 잡아서 알로 바꾸고,
알을 던져서 공격합니다. 거대한 메가알을 사용하면
상대방을 짓누르거나 물속에서 구를 수 있고,
맵을 부수고 벗어나 새로운 지역을 탐험할 수 있습니다.

요시 아일랜드에서
요시와 함께 모험을
즐겨 보세요.

## 꿀팁!

연속해서 라이프를 잃으면
흰색 날개가 나타나는데, 날개를 먹으면
요시가 하늘을 날 수 있습니다.
흰색 날개를 먹은 상태에서 라이프를 잃으면
금색 날개가 나오고, 요시가 무적이 됩니다.
스테이지가 너무 어려울 때 활용해 보세요!

# 동물의 숲

<동물의 숲> 시리즈는 귀여운 동물 친구들과 함께하는
생활 시뮬레이션 게임입니다. 2020년 스위치로 출시된
<모여봐요 동물의 숲>에서는 무인도에서 직접 재료를 모아
가구를 만드는 등 새로운 경험을 할 수 있습니다.
<동물의 숲>에서 평화롭고 즐거운 일상을 즐길 수 있어요!

## 사업가 너굴

너굴은 <동물의 숲> 시리즈의 대표 캐릭터로,
<모여봐요 동물의 숲>에서 사업가로
등장했습니다. 너굴 마일리지 시스템은
미션을 달성하면 마일리지를 주는 제도로,
마일리지는 무인도 이주 패키지 비용을 갚거나
유용한 상품과 교환할 때 사용합니다.
너굴 스마트폰에는 다양한 어플리케이션과
고급 필터 기능이 있는 카메라 등이
포함되어 있습니다!

### ? 사소한 이야기

닌텐도는 <동물의 숲> 시리즈에 다양한 콘텐츠를
업데이트합니다. 그중에는 으스스한 핼러윈
콘텐츠도 있습니다!

### 꿀팁!

새집을 사기 위해
너굴에게 대출받는 것을
두려워하지 마세요.
너굴의 주택 대출은
기한과 이자가 없으니
걱정하지 않아도 된답니다!

# 젤다의 전설

**무기, 아이템, 배틀, 복잡한 퍼즐로 가득한
<젤다의 전설> 시리즈는 첫 발매 이후로
1억 2천만 장 이상의 판매량을 기록했습니다.**

1998년 일본에서 닌텐도 64로 출시된
<젤다의 전설 시간의 오카리나>는 이후 게임큐브와
3DS 버전으로 리메이크되어 출시되었습니다.
리메이크 버전에는 더 어려운 스테이지를 즐길 수 있는
마스터 모드와 보스들과 다시 싸울 수 있는
보스 챌린지 모드가 추가되어, 게임을 더욱 풍부하게
즐길 수 있게 되었습니다.

## 와일드 스타일

<젤다의 전설 브레스 오브 더 와일드>에서
100년간의 잠에서 깨어난 링크는 기억을 되찾기 위해
위험으로 가득한 미지의 땅으로 모험을 떠납니다.
낙하산을 타고 하늘을 날거나 말을 타고 들판을 달리고,
뗏목을 이용해 강을 건너세요.
또 체력과 스탯을 높이기 위해 음식, 무기, 아이템도
모아야 합니다. 벼락을 맞으면 큰 데미지를 받으니,
날씨를 신경 쓰는 것도 잊지 마세요!

### 꿀팁!
스위치에서 출시된
<젤다의 전설 스카이워드
소드 HD>는 새로운 버튼
조작 방식을 이용해
R스틱으로 검을 휘두르고
L스틱으로 방패를
조작할 수 있습니다.
조이콘을 활용해
활과 화살, 폭탄도 손쉽게
조작할 수 있습니다.

## 이스터에그

<젤다의 전설 브레스 오브 더 와일드>의 세이브 데이터가 담긴 스위치 콘솔을 사용하면 외전 게임인 <젤다무쌍 대재앙의 시대>에서 훈련병의 목검을 특전으로 받을 수 있습니다.

## 꿀팁!

<젤다의 전설 꿈꾸는 섬>은 귀여운 미니어처 캐릭터들이 등장하는 밝은 그래픽의 게임입니다. 부메랑 아이템은 멀리 떨어져 있는 적을 기절시킬 수 있습니다. 페가수스의 신발과 로크의 깃털 아이템을 이용하면 이동 속도가 빨라지고 점프 길이가 늘어나기 때문에 구덩이를 뛰어넘고 공격을 피할 때 큰 도움이 된답니다.

링크는 언제나 새로운 모험을 떠날 준비가 되어 있어요!

# 포켓몬스터

<포켓몬스터> 시리즈는 가장 최근에 발매된 <포켓몬스터 스칼렛·바이올렛>부터 <포켓몬스터 LEGENDS 아르세우스>, <포켓몬스터 소드·실드> 등 다양한 게임이 있습니다. <포켓몬스터 스칼렛·바이올렛>에서는 불꽃 타입의 뜨아거, 풀 타입의 나오하, 물 타입의 꾸왁스 중 하나를 선택해서 함께 모험을 시작할 수 있습니다. 자연과 도시가 어우러져 환상적인 풍경을 자랑하는 오픈 월드를 모험해 볼까요?

## 신나게 즐기다

<포켓몬스터 LEGENDS 아르세우스>에서는 수색 임무를 진행하고 최초의 포켓몬 도감을 완성할 수 있습니다. 포켓몬을 포획하려면 풀숲에 숨어 조용히 다가간 뒤, 포켓볼을 정확하게 던져 맞추는 기술이 필요합니다. 포켓볼 안에 있는 동료 포켓몬을 꺼내 배틀을 할 수도 있습니다.

매년 이어지는 <포켓몬스터> 시리즈의 새로운 게임과 업데이트도 기대해 보세요!

## 꿀팁!

2020년 <포켓몬 홈>이 닌텐도 스위치와 모바일에서 클라우드 기반 서비스로 출시되었습니다. <포켓몬 홈>을 활용하면 <포켓몬스터> 시리즈 게임 간에 포켓몬을 옮길 수 있고, 다른 플레이어들과 포켓몬을 교환하는 등 여러 가지 교류를 즐길 수 있습니다. 모든 포켓몬 도감을 한곳에 보관할 수 있다니, 정말 멋지지 않나요?

## 이스터에그

<포켓몬스터 LEGENDS 아르세우스>를 다운로드 버전으로 구입하면 야생 포켓몬을 잡을 때 도움이 되는 헤비볼 30개를 받을 수 있습니다.

# 스플래툰

스플래툰으로 세상을 물들여 보세요!
2015년 일본에서 출시된 <스플래툰>은 잉크로
세상을 물들이며 땅따먹기를 하는 대전 게임입니다.
이후 2017년에 <스플래툰 2>가,
2022년에 <스플래툰 3>가 출시되었고,
새로운 스플랫 랜드를 탐험할 수 있게 되었습니다.

## 새로운 느낌

<스플래툰 3>는 기존의 익숙한 느낌을 살리면서도
동시에 새로운 기능이 많이 추가되습니다.
특별한 활 모양의 무기를 사용할 수 있으며,
크랩 탱크에 올라타면 몸을 웅크리고 굴러갈 수
있습니다. 석순 대협곡이라는 흥미로운 스테이지가
추가되었으며, 친구들과 함께 도전하는
새먼 런 NEXT WAVE가 추가되었습니다.

### ? 사소한 이야기

화려한 스플래툰의 경기를 좋아한다면,
스플래툰 페스를 관람해 보세요! 페스는 특별한
캐릭터들이 경쟁을 즐기는 온라인 이벤트입니다.
지난 몇 년 동안 트랜스포머, 스폰지밥,
포켓몬스터 등 다양한 콜라보를 진행했습니다!

스플래툰에서 세상을
잔뜩 색칠해 보세요!

### 꿀팁!

<스플래툰 2>에서는
제트팩, 하이퍼 프레셔,
멀티 미사일 같은
새로운 무기들이
추가되었습니다.
제트팩은 하늘을 나는 능력과
폭발탄 능력을
가지고 있습니다!

# 별의 커비 디스커버리

최고의 게임들
평점: 4

<별의 커비 디스커버리>에서 커비는 새로운 악당인 비스트 군단에 대항합니다. 웨이들 디들을 잡아먹으려는 비스트 군단에 맞서 각 스테이지에서 웨이들 디들을 구해야 합니다. 새로운 웨이들 디 타운을 탐험하고, 더 많은 웨이들 디들을 구하면서 성장할 수 있어요. 스테이지를 클리어하기 위해서는 커비의 공중 날기 기술을 완벽하게 알아야 한답니다!

## 이건 꼭 복사해야 해!

커비의 대표적인 능력은 상대를 빨아들여 능력을 복사하는 것입니다. <별의 커비 디스커버리>에서는 여기에 또 새로운 능력이 추가되었습니다! 드릴 능력을 사용하면 땅을 파고 들어가서 지하 공격을 퍼부을 수 있고, 레인저 능력으로 멀리 있는 적을 공격할 수 있습니다. 커비의 멋진 능력들을 활용하면 어디서든 적을 공격할 수 있어요!

### 꿀팁!

2명이 함께 플레이한다면 두 번째 플레이어는 꼭 반다나 웨이들 디로 하세요! 반다나의 창은 매우 위협적이기 때문에, 비스트 군단에게 더욱 강력한 공격을 선보일 수 있습니다.

### 이스터에그

웨이들 디 타운에서 똑똑한 웨이들 디를 찾으세요! 유용한 힌트들을 얻을 수 있습니다.

# 슈퍼 스매시브라더스 얼티밋

링크, 마리오, 커비, 피카츄 그리고 동키콩 등 닌텐도를 대표하는 멋진 캐릭터들이 한곳에 모여 대결하는 닌텐도 게임이 바로 <슈퍼 스매시브라더스 얼티밋>입니다! <슈퍼 스매시브라더스 얼티밋>은 닌텐도의 대전 게임으로, 다양한 캐릭터와 함께 싸우는 재미를 가득 담고 있습니다. 출시할 때는 약 70가지의 캐릭터가 있었고, DLC 업데이트를 통해 새로운 영웅들이 추가되었습니다.

다양한 캐릭터들과 함께 싸워 보세요!

## 새로운 스피릿

다양한 캐릭터 스피릿을 장착해서 전투력을 높일 수 있습니다. 스피릿은 신체 능력을 높이는 어택커 스피릿, 스킬이 추가되는 서포터 스피릿 등이 있습니다. 최고의 스피릿 조합을 찾는다면 더 강력한 플레이를 경험할 수 있어요!

## 사소한 이야기

<스트리트 파이터> 시리즈의 켄은 <슈퍼 스매시브라더스 얼티밋>에 추가되면서 일부 바뀌었습니다. 디자인은 <슈퍼 스트리트 파이터 2 터보> 기반이지만, 더 빨리 싸울 수 있게 능력이 조정되었습니다.

## 꿀팁!

게임을 처음 플레이한다면 관전 모드를 활용하세요. 관전 모드를 통해 다른 플레이어의 움직임, 기술, 전략을 분석한다면 큰 도움이 된답니다!

# Wii 스포츠

일본에서 2006년, 한국에서 2008년 출시된
<Wii 스포츠>는 출시 당시에 일본에서 어마어마한
인기를 끌었습니다. 테니스, 야구, 골프, 볼링, 복싱 같은
다양한 스포츠가 추가되었고, 새로운 Wii 리모컨과
눈차크가 출시되면서 더욱 재미있게 즐길 수 있게 되었어요.
자신만의 Mii 캐릭터를 이용해 최대 3명의 친구와
대결할 수 있는 기능도 추가되었습니다.

## 훌륭한 컨트롤러 디자인

Wii 리모컨을 이용하면 스포츠 경기를 하면서
공을 완벽하게 제어할 수 있습니다.
트레이닝 모드를 통해 기술을 연습하고,
신체 측정 기능을 통해 신체 나이를 측정할 수
있습니다. 가족, 친구들과 메달을 얻기 위해
경쟁해 보세요!

나에게 잘 맞는
스포츠를 찾아볼까요?

### 꿀팁!

<닌텐도 스위치 스포츠>에서는
7가지의 스포츠를
즐길 수 있습니다.
다리 스트랩 액세서리를 이용하면
집에서도 축구공을 찰 수 있어요!

# 저스트 댄스

2009년 일본에서 Wii로 출시된 <저스트 댄스>는
최대 4명의 플레이어가 함께 리듬을 타고 춤출 수 있는 게임입니다.
음악에 맞춰 화면에 보이는 춤 동작을 따라 하며 점수를 받는데,
가장 정확히 따라 한 사람이 가장 높은 점수를 받습니다.

## 새로운 트랙

<저스트 댄스> 시리즈는 매년
새로운 음악과 춤이 추가됩니다!
2022년에는 카밀라 카베요,
테일러 스위프트, 빌리 아일리시 등
세계적인 아티스트들의 음악이
새로 추가되었습니다. 또 스웨트
모드를 통해 움직임, 동작을 진행한
횟수 등을 모두 기록하여, 춤추면서
소모한 칼로리를 확인할 수 있습니다.

박자에 맞춰 춤추면
더 좋은 점수를
받을 수 있어요.

## 사소한 이야기

<저스트 댄스 얼티밋 에디션>은 추가로
600곡 이상 이용할 수 있는 유료 서비스로,
계절에 어울리는 콘텐츠와 댄스가 제공됩니다.

And girls they want to have fun
O-oh girls just want to have fun

## 이스터에그

스마트폰 앱 <저스트 댄스
컨트롤러>의 점수 측정
기술을 활용하면 더욱
재미있게 즐길 수 있어요!

# 스타폭스 제로

<스타폭스 제로>는 2016년 일본에서 Wii U로 출시된
게임으로, 폭스 맥클라우드가 우주 전투기 아윙을 타고
안드로스를 추적하는 이야기입니다. 닌텐도 N64로
출시되었던 <스타폭스 64>의 감성을 유지하여,
폭탄, 트윈 레이저, 골드 링 등 1990년대를
떠올리게 하는 우주 요소가 포함된 것이 특징입니다.

### 플라잉 포스

비행의 달인 폭스 맥클라우드는 다양한 기체를 활용해 전투합니다.
그중에는 자이로윙과 아윙으로 만든 이족 보행 공격 기기,
워커가 있습니다. 또 새롭게 추가된 텔레포트 기능을 이용해
적이 예상하지 못한 곳으로 단번에 이동할 수 있습니다.

### 사소한 이야기

**?**

'스타폭스 제로 더 배틀 비긴즈'를
검색해 보세요!
이 영상은 폭스 맥클라우드와
스타폭스 팀의 이야기를 담은
최초의 애니메이션입니다.

### 꿀팁!

유용한 아이템들을
적극적으로 활용하여
전투를 진행하세요.
용감한 조종사만이
우주 전투에서
승리할 수 있답니다!

STARFOX 零 ZERO

다양한 기계를 조종하면서
우주 전투를 즐겨 보세요.

# 메트로이드 드레드

2021년 스위치로 출시된 <메트로이드 드레드>는 행성 ZDR에서
악당 E.M.M.I. 로봇과 전투합니다. 빠른 속도, 정확한 조준,
대담한 태도가 요구되는 2D 어드벤처 게임이랍니다!

## 신규 무장

<메트로이드 드레드>는 ZDR 행성 내에서 사용할 수 있는
새로운 무기들에 익숙해지는 것이 중요합니다.
빔 공격은 적을 증발시키고 문을 열 수 있고,
특별한 공격으로 업그레이드할 수 있습니다.
드레드 모드는 한 번이라도 데미지를 입으면
바로 죽는 모드입니다. 게임 플레이에 자신이 있다면
드레드 모드에 도전해 보세요!

### 꿀팁!

새롭게 추가된 팬텀 클로크
능력은 캐릭터를 투명한
상태로 만듭니다. 이 능력을
활용하면 적의 추적을
손쉽게 피할 수 있어요!

사무스 아란을 도와
로봇들과의 전투에서
승리하세요!

### 사소한 이야기

<메트로이드 드레드>는 스위치에서
무료 데모 버전을 다운로드하여
체험할 수 있습니다.
데모 버전으로 게임을
먼저 플레이해 보세요!

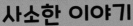

# 말랑말랑 두뇌교실

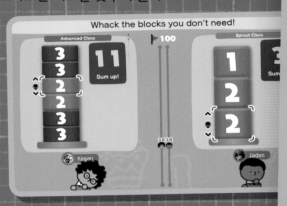

모든 닌텐도 게임이 싸우고 경쟁하는 내용만 있는 것은 아닙니다.
<말랑말랑 두뇌교실> 시리즈는 머리를 사용하는 퍼즐 및
두뇌 트레이닝 게임입니다. 기억, 계산, 분석, 인식 등
다양한 미니 게임을 통해 플레이어를 테스트하고,
두뇌를 훈련시킬 수 있습니다. 헷갈린다면 더 연습하세요!

## 시험 시간

스위치의 <말랑말랑 두뇌교실>에서는 테스트 모드를 통해
말랑그램 점수를 확인할 수 있습니다. 시험 점수를 높여
코인을 모으면 새로운 캐릭터 디자인을 해제할 수 있습니다.
스마트한 게임 등급에 어울리도록 스마트한 외모를 갖추어 볼까요?

**최고의 게임들**
**평점: 3.5**

**꿀팁!**
연습 모드를 사용하면
두뇌 트레이닝 기술을
완벽하게 익힐 수 있습니다.
몰래 연습해서 자랑해 보세요!

두뇌를 너무 과하게
사용하지 마세요.
가장 쉬운 '유아' 클래스로
설정하고, 천천히
어려운 '슈퍼 엘리트'
클래스까지 성장해 보세요!

**점수**

말랑그램
- - - - - - - - -
**2544**

두뇌 등급
- - - - - - - - -
**A++**

두뇌 유형
- - - - - - - - -

**직감**
480

**지각**
325

**기억**
798

**계산**
332

**분석**
609

## 가장 뛰어난 분야는 '기억'이로군요!

# 광신화 파르테나의 거울

1986년 일본에서 NES로 출시된 <광신화 파르테나의 거울>은 이후 게임보이 어드밴스, 닌텐도 DS, 닌텐도 Wii U 등 다양한 시리즈로 출시되었습니다. 빛의 여신 파르테나를 돕는 천사 피트가 메두사와 메두사의 사악한 부하들에 맞서 싸우는 판타지 게임입니다. 닌텐도의 전통적인 게임 요소들이 포함되어 있으며, 30년 넘게 사랑 받고 있습니다.

## 날아오르는 액션

<신 광신화 파르테나의 거울>에서 피트와 파르테나는 메두사의 어둠의 힘에 맞서 싸웁니다. 플레이어는 악마의 솥이라 불리는 복잡하고 독특한 시스템을 통해 강력한 무기를 얻을 수 있고, 보스 배틀, 멀티플레이 모드 등 다양한 기능을 사용할 수 있습니다. 지금 바로 피트와 함께 싸워 보세요!

## 사소한 이야기

? 피트는 <대난투 스매시브라더스 X>에서 플레이어 캐릭터로 등장하는데, 파르테나의 활로 상대를 멋있게 무찌를 수 있습니다. <대난투 스매시브라더스 X>의 인기 덕분에 몇 년 뒤 <신 광신화 파르테나의 거울>이 출시되었습니다.

## 꿀팁!

<신 광신화 파르테나의 거울>에는 증강 현실(AR) 카드가 포함되어 있습니다. 캐릭터, 장소 등이 그려진 카드를 카메라 앞에 놓으면 카드가 생동감 있게 움직입니다!

# 테트리스

닌텐도 역사상 가장 위대한 퍼즐 게임은 <테트리스>입니다!
1980~90년대 게임보이의 매출에 큰 도움을 주었으며,
지금도 여전히 인기를 유지하고 있습니다.

최초의 <테트리스>는 간단하면서도 중독성이 강한 게임이었습니다.
위에서 떨어지는 다양한 크기의 블록을 한 줄로 채워 없애야 하는데,
레벨이 올라가면 블록들이 더 빠르게 떨어집니다.
<테트리스>를 완벽하게 익히려면 뛰어난 기술과 끝없는 연습이 필요하답니다.

## 뿌요 파워

<뿌요뿌요 테트리스>는 일본의 대표적인 퍼즐 게임인 뿌요뿌요와 테트리스를 합친 게임입니다.
블록을 한 줄로 채워 없애거나 같은 색의 뿌요 블록 4개를 맞춰 없애면
상대방의 보드에 쓰레기가 쌓입니다. 빠르게 블록을 제거해서 상대방에게 쓰레기를 보내 보세요!

블록을 없애고 테트리스
게임에서 승리하세요!

### 꿀팁!

<테트리스 이펙트: 커넥티드>에서는
30개 이상의 스테이지와 10개 이상의
난이도를 즐길 수 있습니다. 존 기능으로
시간을 멈춰서 블록이 떨어지는 것을 막거나
게임 오버를 피할 수도 있습니다.

John
LINES:
40
00:13

SCORE
478

H 5
LINES 24

40    40    40
Emma   Mark
1    1    1

HOLD
LINE 30
LV. 4
NEXT

**이스터에그**

3DS의 <테트리스>에서 증강 현실(AR) 카드를 사용하면 현실에서 게임을 만나거나 게임으로 자신의 사진을 불러올 수 있습니다.

HP          198
HP
HOLD

Y 160
Color Change
X 40
Change All
ZR 30
Fighting Spirit
MP 2
MP 24

Color Change to 2
00002568
Match Point
00001113

75

SEGA-JS          ★ WINS ★          CPU1

# 미래의 게임

**닌텐도의 미래를 상상해 보세요! 미래의 닌텐도 게임과 캐릭터는 어떤 모습일까요?**

## 게임 스트리밍

게임 스트리밍은 게임 플레이 등 게임과 관련된 영상을 다른 사람들과 공유하는 것을 뜻합니다.
언젠가 닌텐도도 스트리밍 기술을 활용하게 될까요?

## 클라우드

클라우드 기술은 사용자가 게임을 다운로드하지 않아도 가상의 클라우드를 통해 게임을 플레이할 수 있는
기술을 의미합니다. 수천 개의 닌텐도 게임을 다운로드 없이, 언제 어디서든 즐길 수 있답니다!

## 스마트한 세상

스마트 콘택트렌즈와 스마트 안경을 들어 본 적 있나요? 콘솔 화면이 아닌 눈앞에 정보를 띄우는
증강 현실(AR) 기술로 화면 없는 새로운 닌텐도 세계를 만들 수 있습니다!

## 새로운 콘솔

닌텐도 스위치는 지난 수년간 큰 인기를 끌었습니다. 하지만 이런 인기가 계속될까요? 클라우드 서비스가
성장한다면 콘솔이 필요 없는 시대가 올 수도 있겠죠. 그렇다면 아예 새로운 게임의 시대가 열릴지도 몰라요!

## 컨트롤러

닌텐도 스위치의 조이콘은 다양한 게임에 적합하도록 제작되었습니다. 하지만 앞으로는 손에 아무것도 들지 않고
플레이할 수 있는, 핸즈프리 게임 플레이가 유행할 것이랍니다! 닌텐도가 사용자의 손동작을 감지해서 게임을 작동하는
기술을 개발할 테니까요. 양손을 자유롭게 흔들면서 게임을 플레이할 수 있겠네요!

## 트레이싱

트레이싱은 게임에서 빛이 어떻게 반응하는지 추적하는 기술 용어입니다. 더 발전된 레이 트레이싱은 게임 화면과
그래픽이 더욱 현실적으로 보이게 만듭니다. 미래의 닌텐도는 레이 트레이싱 기술을 활용하여, 더욱 선명하고 깨끗한
그래픽을 선보이는 등 화려한 화면 디스플레이를 보여 줄 거예요.

## 가상 현실

앞으로 가상 현실(VR) 기술은 끝없이 발전해서 다양한 게임에 적용될 것입니다. 몸에 착용할 수 있는 웨어러블 기기와
헤드셋을 이용하면 플레이어가 캐릭터들과 가상 현실에서 상호작용할 수 있게 될지도 모릅니다.

### 사소한 이야기

닌텐도가 레트로 게임이 포함된 NES 클래식
에디션을 출시하기까지 30년이 걸렸습니다.
그렇다면 2053년에는 스위치 클래식 에디션이
출시되는 걸까요? 그때는 아마 우리 모두
올드 게이머가 되어 있을 거예요!

# 닌텐도 퀴즈!

닌텐도에 대해 얼마나 많이 알게 되었나요?
한번 확인해 보세요!

1. 마리오의 이름에 영감을 준 실제 인물은 누구일까요?

A. 마티 루이고          B. 메리 오. 슈퍼          C. 마리오 시갈

2. 닌텐도 64 다음에 출시된 닌텐도 콘솔은 무엇일까요?

A. 닌텐도 게임큐브          B. 게임보이          C. 닌텐도 십이면체

3. 닌텐도 스위치 컨트롤러의 이름은 무엇일까요?

A. 스위즐 스틱          B. 조이콘          C. 플레이팩

4. 피치공주를 가장 충실히 따르는 캐릭터는 누구일까요?

A. 버섯          B. 키노피오          C. 의자

5. 마리오 게임에서 부끄부끄를 멈출 수 있는 방법은 무엇일까요?

A. 쳐다보기          B. 물 붓기          C. 소리 지르기

6. 다음 중 마리오 게임에서 공주가 아닌 캐릭터는 누구일까요?

A. 피치　　　　　　　　　B. 데이지　　　　　　　　C. 버터컵

7. 벽을 칠해서 땅따먹기하는 닌텐도 게임은 무엇일까요?

A. 페인트 팩　　　　　　　B. 브러시 배틀　　　　　　C. 스플래툰

8. 메트로이드 드레드의 주인공은 누구일까요?

A. 사무스 아란　　　　　　B. 산드라 캐플란　　　　　C. 알렉스 알렌

9. 다음 중 포켓몬이 아닌 것은 무엇일까요?

A. 리자몽　　　　　　　　B. 피카츄　　　　　　　　C. 링크

10. 동물의 숲 게임에서 플레이어들을 돕는 캐릭터는 누구일까요?

A. 쿠파　　　　　　　　　B. 여울　　　　　　　　　C. 소닉

정답: 1.C / 2.A / 3.B / 4.B / 5.A / 6.C / 7.C / 8.A / 9.C / 10.B

# 또 만나요, 닌텐도 팬 여러분!

지금까지 닌텐도 비공식 가이드인
[닌텐도 게임&캐릭터 스페셜 팬북]을 재미있게 즐기셨나요?
여러분은 이제 닌텐도의 역사부터 인기 캐릭터들의 정보,
닌텐도 게임들에 관한 꿀팁과 이스터에그들을 전부 알게 되었어요!
이제 다시 마리오와 함께 환상적인 모험을 떠날 시간이에요! 출발!

# 닌텐도 팬을 위한 특별 이벤트

## <슈퍼마리오 랩핑x에코백 미니> 증정!

<닌텐도 게임&캐릭터 스페셜 팬북> 설문 이벤트에 참여하시면
추첨을 통해 '슈퍼마리오 랩핑x에코백 미니
(랜덤 1종)'를 드립니다!

**30명 추첨**

슈퍼버섯

스플래툰3
오징어 옐로

### 참여 방법

① 오른쪽 QR코드를 스마트폰의 QR코드 리더기로 스캔하세요.
② QR 코드 스캔 후, 링크로 들어가 <닌텐도 게임&캐릭터 스페셜 팬북>
　설문에 참여하세요.
③ 이벤트 응모 정보를 꼼꼼하게 적어 제출하세요.

### 이벤트 참여 기한

2023년 7월 31일까지

### 당첨자 발표

2023년 8월 4일 서울문화사 어린이책 카카오 채널 공지
(카카오톡 채널 검색에서 '서울문화사 어린이책'을 검색하세요.)